Oetinger

Paul Maar, 1937 in Schweinfurt geboren, studierte Malerei und Kunstgeschichte und ist einer der erfolgreichsten und vielseitigsten deutschen Kinder- und Jugendbuchautoren. Er schreibt Romane und Gedichte, Drehbücher und Theaterstücke, ist Illustrator und Übersetzer. Und er ist der Erfinder vom SAMS und seinen Geschichten, die auch mit großem Erfolg verfilmt worden sind. Paul Maar wurde vielfach ausgezeichnet, u. a. mit dem Deutschen Bücherpreis, mit dem Österreichischen Staatspreis, dem Brüder-Grimm-Preis, dem E. T. A.-Hoffmann-Preis und dem Friedrich-Rückert-Preis sowie mit dem Sonderpreis des Deutschen Jugendliteraturpreises für sein Gesamtwerk.

Tina Schulte, 1974 in Münster geboren, studierte Grafik-Design mit dem Schwerpunkt Illustration. Als Abschlussarbeit gestaltete sie eine Geschichte von Paul Maar so kongenial als Bilderbuch, dass dieses 2002 bei Oetinger veröffentlicht wurde: „Die Kuh Gloria". Heute ist sie als Illustratorin tätig.

Paul Maar

Große Schwester, fremder Bruder

Kindergeschichten

Zeichnungen von Tina Schulte

Verlag Friedrich Oetinger · Hamburg

Kinderbücher von Paul Maar bei Oetinger

Alles vom kleinen Känguru
Das kleine Känguru und seine Freunde
Anne will ein Zwilling werden
Große Schwester, fremder Bruder
In einem tiefen, dunklen Wald …
Lippels Traum
Onkel Florians fliegender Flohmarkt
Die Opodeldoks
Der Tag, an dem Tante Marga verschwand
und andere Geschichten
Der tätowierte Hund

sowie die Bücher über das SAMS

Einband und Illustrationen von Tina Schulte
Satz: UMP GmbH, Hamburg
Druck und Bindung: GGP Media, Pößneck
Printed in Germany 2004
ISBN 3-7891-4238-7

www.oetinger.de

Inhalt

Der fremde Bruder

Als Mama und Papa sich scheiden ließen, war Jakob gerade drei Jahre alt geworden. Jetzt war er zehn. Kein Wunder, dass er sich kaum noch an Papa erinnerte. Denn der war schon kurz nach der Scheidung nach Kanada ausgewandert. Dort lebte er nun mit einer anderen Frau.

Manchmal versuchte sich Jakob vorzustellen, wie Papa aussah. Aber das Bild in seinem Kopf wurde jedes Mal undeutlicher und verschwommener. Dann holte er meist das Hochzeitsfoto hinten aus Mamas Schreibtisch und guckte es an.

Mama mochte das nicht besonders gern. „Was du nur immer mit dem alten Foto hast!“, sagte sie. Aber sie nahm es ihm nicht weg.

Am Anfang hatte Jakob oft nach Papa gefragt. Er wollte nicht glauben, dass Papa fort war und nie mehr zurückkommen würde. Aber mit der Zeit hatte er sich daran gewöhnt, allein mit Mama zu leben.

Er war Mamas großer Sohn, so nannte sie ihn immer. Manchmal sagte sie auch „mein kleiner Mann“ zu ihm. Vor allem, wenn er ihr wieder mal ganz besonders geholfen hatte. Mama war berufstätig. Sie musste das Geld für sich und Jakob verdienen. Deswegen war sie den ganzen Tag auf der Arbeit und Jakob hatte eine Menge zu tun. Den Abwasch, die Wohnung sauber machen, einkaufen. Kam Mama am Abend nach Hause, hatte Jakob manchmal sogar schon das Abendessen für sie gemacht, zwei Teller auf den Tisch gestellt und eine Kerze angezündet. Dann gab sie ihm einen Kuss, legte ihren Arm um seine Schultern und sagte, dass sie stolz auf ihren großen Sohn sei.

Aber alles änderte sich, als Mama für eine Woche nach München fuhr.

„Du willst nach München? Ohne mich? Das geht nicht", sagte Jakob. „Du kannst mich doch nicht eine Woche allein lassen."

„Du wirst nicht allein sein", antwortete Mama. „Oma Johanna wird solange bei uns wohnen und für dich sorgen. Außerdem rufe ich jeden Abend an, ich versprech's dir. Weißt du, das ist meine ganz große Chance. Es ist das erste Mal, dass mich mein Chef zu so einer Tagung schickt."

An den ersten beiden Abenden rief sie tatsächlich aus München an. Sie erzählte begeistert von den vielen Menschen aus aller Welt, die sie kennen gelernt hatte. Dann blieben die Anrufe aus. Erst am Abend vor der Rückreise rief sie wieder an und entschuldigte sich bei Jakob.

Als sie wiederkam, war sie irgendwie verändert. Jakob merkte es gleich. Sie war viel fröhlicher als sonst, aber auch zerstreuter. Sie hörte gar nicht richtig zu, als Jakob ihr erzählte, wie er die Woche mit Oma Johanna verbracht hatte.

Als am Abend das Telefon klingelte, sagte sie ganz aufgeregt: „Das ist für mich. Jakob, lässt du mich bitte ein bisschen allein? Geh solange in dein Zimmer, ja?“

Das verlangte sie sonst nie von ihm, wenn sie telefonierte. Deshalb ging Jakob auch nicht in sein Zimmer, sondern nur in den Flur, und lauschte hinter der angelehnten Tür.

Fast eine Stunde sprach sie mit einem Mann, den sie „Manu“ nannte. Jakob hatte den Namen vorher noch nie gehört.

Als sie endlich den Hörer aufgelegt hatte, rief sie Jakob zu sich. „Ich muss dir etwas erzählen“, sagte sie. „Am Wochenende kriegen wir Besuch.“

„Wer kommt denn?“, fragte Jakob.

„Ein Bekannter. Er ist sehr, sehr nett. Du wirst es sehen. Er heißt Manu“, sagte sie.

„Warum kenne ich ihn nicht, wenn er ein Bekannter ist?“, fragte Jakob. „Und warum hat er so einen komischen Namen?“

„Ich habe ihn in München kennen gelernt“, sagte seine Mutter. „Er kommt aus Indien.“

„Von so weit her?“, fragte Jakob. „Kommt er mit dem Flugzeug?“

Mama lachte. „Ich hab mich falsch ausgedrückt“, sagte sie. „Er kommt nicht aus Indien, sondern aus Deutschland. Aus Mannheim, genauer gesagt. Da wohnt er schon seit zehn Jahren. Ich meinte: Er *ist* Inder."

Am Wochenende kam Manu. Er hatte glatte schwarze Haare und dunkle Augen. Seine Haut war hellbraun. Wie bei einem, der den ganzen Sommer in der Sonne gelegen hat. Er brachte einen Blumenstrauß für Mama mit und für Jakob einen bestickten Stoffelefanten.

Jakob hatte gedacht, dass Manu sie nur für eine Stunde

oder zwei besuchen würde. Aber er blieb das ganze Wochenende und fuhr erst am Sonntag, spät in der Nacht, als Jakob schon schlief.

„Na, wie findest du Manu?“, fragte Mama am nächsten Morgen beim Frühstück.

„Ich weiß nicht …“, antwortete Jakob zögernd.

„Du weißt nicht?!“, sagte Mama. „Was soll das heißen? Findest du ihn etwa nicht nett?“

„Er ist so anders. Und er spricht so merkwürdig“, sagte Jakob.

„Na, hör mal: Du wirst doch nichts gegen ihn haben, nur weil er nicht perfekt Deutsch spricht!“, rief Mama. Sie war ganz aufgeregt. So kannte Jakob sie gar nicht.

„Nein, es ist nur, weil ich es lieber mag, wenn nur wir zwei zusammen sind und zusammen etwas machen, ohne Fremde dabei“, versuchte Jakob ihr zu erklären.

„Manu ist für mich kein Fremder. Ich mag ihn“, sagte Mama. „Bald wird er für dich auch nicht mehr fremd sein. Er wird uns jetzt nämlich öfter besuchen. Er hat übrigens einen Sohn, der ist neun, also fast in deinem Alter. Er heißt Salman.“

„Einen Sohn?“, fragte Jakob. „Hat er auch eine Frau?“

„Nein. Sie ist leider gestorben, als Salman noch klein war“, sagte Mama. „Vielleicht bringt er ihn ja mal mit. Dann könnt ihr zusammen spielen.“

„Ich will nicht mit diesem Salman spielen“, sagte Jakob. „Den kenne ich doch gar nicht. Außerdem will ich mir meine Freunde selber aussuchen.“

Am nächsten Wochenende kam Manu wieder, am übernächsten auch und von da an fast jede Woche.

Dann waren Osterferien. Im letzten Jahr hatten Mama und Jakob an Ostern eine Radtour gemacht. Diesmal blieben sie zu Hause. Manu kam nämlich für eine ganze Woche. Und er brachte Salman mit.

„Ihr beide geht jetzt ein bisschen in dein Zimmer, ja?", sagte Mama nach dem gemeinsamen Mittagessen zu Jakob. „Oder ihr spielt draußen Fußball."

Jakob war wütend. Hatte Mama denn alles vergessen, was er ihr gesagt hatte? Aus Trotz sprach er den ganzen Nachmittag kein Wort mit Salman, setzte sich aufs Bett und guckte sich ein Buch über „Tiere der Urzeit" an. Salman stand eine Weile unschlüssig daneben, dann fragte er: „Darf ich auch eines von deinen Büchern nehmen?" Jakob nickte, und Salman holte sich das Buch über Vulkane.

Dann saßen sie stumm im Kinderzimmer und lasen. Jakob auf dem Bett, Salman auf einem Stuhl.

Als Salman und Manu wieder abgereist waren, beschwerte sich Jakob bei Mama. „Ich will nicht, dass die noch einmal kommen", sagte er. „Ich will endlich wieder mal was mit dir allein machen. Werktags arbeitest du, und am Wochenende ist dieser Manu hier. Jetzt sogar in den Ferien. Du kümmerst dich überhaupt nicht mehr um mich."

Mama guckte ganz unglücklich. „Aber Jakob, das stimmt doch nicht. Natürlich kümmere ich mich um dich. Außerdem kann ich gar nicht verstehn, was du gegen

Manu hast. Er ist liebenswert und freundlich, er kocht sogar für uns …"

„Ja, immer nur Reis mit diesem gelben Gewürz!", meckerte Jakob. „Wann kochst du endlich wieder mal Nudeln mit Tomatensoße?"

„Nudeln gab's letzte Woche sogar drei Mal. Du musst dich nicht beschweren", sagte Mama. Sie setzte sich neben Jakob aufs Bett und legte ihren Arm um seine Schultern. „Jakob, ich muss dir jetzt etwas ganz Wichtiges sagen. Manu und ich, wir mögen uns sehr. Wir überlegen, ob wir nicht zusammenleben sollten. Eine neue Familie gründen, verstehst du?"

„Zusammenleben? Mit Manu und Salman? Dann lauf ich weg. Dann geh ich zu Oma!", rief Jakob und rannte aus dem Zimmer.

Als aber ein halbes Jahr später Jakobs Mutter und Manu heirateten und Salman und Manu bei ihnen einzogen, lief er doch nicht weg.

Mama hatte vorher noch einmal lange mit Jakob geredet. „Du musst das verstehn", hatte sie gesagt. „Manu und ich lieben uns. Findest du es nicht auch schön, dass wir jetzt wieder eine Familie sind und du einen Vater und einen Bruder hast?"

„Manu ist nicht mein Vater. Mein Papa wohnt in Kanada", hatte Jakob geantwortet. „Und Salman ist nicht mein Bruder, ich will keinen Bruder!"

„Du musst nicht ‚Papa' zu Manu sagen, wenn es dir so

schwer fällt", hatte Mama vorgeschlagen. „Nenne ihn einfach ‚Manu', wie bisher. Ihr werdet euch schon aneinander gewöhnen."

Aber Jakob wollte sich nicht an die beiden gewöhnen. Und schon gar nicht daran, dass er nun sein Zimmer mit Salman teilen musste. Erst hatte Mama vorgeschlagen, dass er und Salman in einem Stockbett schliefen. Jakob im unteren Bett, Salman im Bett darüber. Doch Jakob hatte das strikt abgelehnt. So stand nun Salmans Bett an der anderen Wand des Kinderzimmers.

Jakob zog mit Kreide einen Strich über den Zimmerboden und sagte zu Salman: „Das hier ist meine Seite und da drüben ist deine. Ich will nicht, dass du in meine Hälfte kommst!"

„Und ob ich in deine Hälfte komme! Das ist nämlich auch mein Zimmer", sagte Salman und machte einen großen Schritt über den Strich.

„Geh sofort zurück!", drohte Jakob.

„Ich denk nicht dran!", sagte Salman und machte einen weiteren Schritt in Jakobs Hälfte.

„Das werden wir ja sehen", rief Jakob und stieß Salman so heftig gegen die Brust, dass er stolperte und rückwärts aufs Bett fiel.

„Das sag ich Mama!" Salman stand auf und ging zur Tür.

„Das ist nicht deine Mama!", schrie ihm Jakob nach. „Das ist nur meine. Wenn du noch mal ‚Mama' zu ihr sagst, kannst du was erleben!"

„Wie soll ich denn dann sagen?“, fragte Salman und kam zurück. „Sie ist doch jetzt meine Mutter. Sie und Papa sind doch verheiratet.“

„Du sagst ‚Helga‘ zu ihr, wie bisher“, befahl Jakob. „Ich sag ja auch ‚Manu‘ zu deinem Vater.“

Jakobs Mutter hieß nun nicht mehr Frau Bachmann, sondern Bachmann-Tahore. Tahore war nämlich der Nachname von Manu. Jakob durfte seinen Namen behalten, er hieß weiterhin Jakob Bachmann.

Und Salman ging jetzt in dieselbe Schule wie Jakob. Allerdings erst in die dritte Klasse, Jakob war schon in der vierten.

Mama machte ihnen morgens immer das Frühstück, begleitete sie dann bis zur Flurtür und sagte fast jedes Mal beim Abschied: „Wiedersehn, ihr beiden. Jakob, du passt gut auf Salman auf, ja?“

Draußen gingen Jakob und Salman schweigend nebeneinanderher. In den ersten Tagen hatte Salman noch versucht, mit Jakob zu reden. Aber der hatte immer nur kurz und brummig geantwortet. Da hatte Salman bald keine Lust mehr gehabt, sich mit Jakob zu unterhalten.

Wenn Jakob auf dem Schulweg vor sich einen Klassenkameraden entdeckte, rannte er zu ihm hin und ließ Salman zurück. Salman ging dann einige Schritte hinter den beiden her und guckte zu, wie sich Jakob und der andere freundschaftlich in die Seite boxten, Witze machten, miteinander redeten und lachten.

Mama hätte es bestimmt nicht gut gefunden, dass er Salman so allein ließ. Aber sie wusste es ja nicht.

Manchmal hatte Salman früher aus als Jakob. Dann wartete er vor der Schule, bis Jakob herauskam, und ging neben ihm und Jakobs Freunden her. Jakob tat zwar so, als würde ihn das entsetzlich nerven. Doch als er Salman einmal nicht gleich entdeckte, guckte er sich lange nach ihm um und rief sogar ein paarmal nach ihm. Salman kam gleich angerannt, als er ihn rufen hörte. Jakob war nicht sehr viel freundlicher zu ihm als sonst, aber sie sprachen wenigstens auf dem Heimweg miteinander. Jakob erzählte, dass Herr Müller-Klessheim die Klasse wieder mal zu zweieinhalb Seiten Mathe-Hausaufgaben verdonnert hatte. Weil einige Schülerinnen durch lautes Schwätzen den Unterricht gestört hätten.

Salman sagte: „Das war aber doof."

„Was war doof? Meinst du die Schülerinnen oder Herrn Müller-Klessheim?", fragte Jakob.

„Den Müller-Klessheim", sagte Salman.

„Dann stimmt es", antwortete Jakob.

Ein paar Tage später wartete Salman wieder nicht vor der Tür, als Jakob aus der Schule kam. Jakob wollte schon nach ihm rufen, da sah er ihn im Schulhof. Botho und Roland aus der Parallelklasse hatten Salman die Strickmütze bis zum Kinn übers Gesicht gestreift. Botho hielt die Mütze hinten am Rand fest und zog sie nach unten. Roland versuchte Botho zu Hilfe zu kommen und dabei Salmans Stößen und Tritten auszuweichen, denn der wehrte sich heftig, trat und schlug wild um sich. Botho und Roland lachten und schienen das Ganze sehr lustig zu finden.

Jakob rannte zu den beiden, schubste sie von Salman weg und schrie: „Lasst sofort meinen Bruder los, oder ihr könnt was erleben!"

Die zwei Jungen wichen zurück und ließen Salman los. Der schob sich die Mütze hoch und spuckte verächtlich vor den beiden auf den Boden.

„Mann, sei doch nicht gleich so sauer!", sagte Botho zu Jakob. „Es war doch nur Spaß. Außerdem hab ich gar nicht gewusst, dass er dein Bruder ist."

„Ist er wirklich dein Bruder?“, fragte Roland. „Stimmt das?“

„Ja, stimmt“, sagte Jakob. „Hast du was dagegen?“

„Ich frag ja nur. Ich hab nicht gewusst, dass du plötzlich einen Bruder hast“, sagte Roland.

„Hab ich aber!“, antwortete Jakob, drehte sich um und ging. „Komm mit, Salman, wir gehen nach Hause“, sagte er dabei. „Mama wartet schon.“

Salman ging neben Jakob her. „Mama?“, wiederholte er und grinste Jakob breit an. „Nicht Helga?“

Die blaue Dose

Früher hatte Frau Davidoff einen kleinen Laden gehabt, genau gegenüber vom Dom, der nannte sich „Elenas Fundgrube“. Frau Davidoff heißt nämlich mit Vornamen Elena. Das kleine Schaufenster in „Elenas Fundgrube“ war voll gestellt mit hunderterlei Sachen. Man wunderte sich immer, wie viel sie in dem schmalen Rechteck hinter der Scheibe unterbrachte: allerlei Trödel, Reiseandenken, kleine Porzellanengel, denen oft ein Flügel fehlte, Teddybären mit abgeschabtem Fell, Ketten und Ringe mit glitzernden Steinen, Münzen, Tassen, Blumenvasen und Plastikfigürchen.

Obwohl ihr Laden manchmal von Touristen überquoll, besonders dann, wenn ein Reisebus vor dem Dom Station machte, musste sie den Laden schließlich aufgeben. Die Miete war zu hoch.

Jetzt hat Frau Davidoff einen noch kleineren Laden mit einem noch kleineren Schaufenster in der Vorstadt. Sie hat ihm einen neuen Namen gegeben, den man auf einem von ihr selbst gemalten Schild über der Eingangstür lesen kann: „Kunst und Trödel“. Viel Kunst findet man zwar nicht im Laden, wenn man von einem mächtigen Ölbild mit Goldrahmen absieht, das den heiligen Nepomuk darstellt. Dafür aber umso mehr von dem Trödel, den sie schon am Domplatz verkauft hat.

Hier in der Vorstadt muss Frau Davidoff sehr viel weniger Miete zahlen, dafür findet aber nur selten ein Kunde zu ihr. Deshalb lehnt sie jetzt oft an der geöffneten Ladentür, hat die Arme verschränkt und die Augen geschlossen und lässt sich die Sonne ins Gesicht scheinen. Ihre schlohweißen Haare, die immer ein bisschen ungekämmt wirken, weil sie sich nicht bändigen lassen und nach allen Seiten vom Kopf stehen, wirken dabei wie der strahlenförmige Heiligenschein des Nepomuk auf dem Ölbild.

Letzten Dienstag musste Frau Davidoff unvermittelt ihren Platz im Türrahmen räumen, denn es kam nach langer Zeit wieder mal eine Kundin. Ein etwa zehnjähriges Mädchen, genauer gesagt. Es hatte auffällig viele Sommersprossen, kurz geschnittene rote Haare, trug eine Brille mit kreisrunden Gläsern und war ganz in Blau gekleidet: azurblaues T-Shirt, hellblaue Hose, meerblaue Söckchen. Dazu hatte sie weiße, oben ein wenig ausgefranste Turnschuhe an.

„Möchtest du etwas kaufen oder nur gucken?“, fragte Frau Davidoff, während sie mit dem Mädchen in den Laden ging.

„Kommt darauf an“, antwortete das Mädchen.

„Und worauf kommt es an?“, fragte Frau Davidoff.

„Ob ich etwas finde“, sagte das Mädchen.

„Das klingt logisch“, musste Frau Davidoff zugeben. „Dann schau dich ruhig um. Oder suchst du etwas Bestimmtes, bei dem ich dir helfen kann?“

„Ich suche etwas ganz Bestimmtes“, antwortete das Mädchen, während es an den Regalen entlangging. „Meine Schwester hat am Samstag Geburtstag. Sie sammelt Schneckenhäuser.“

„Schneckenhäuser?“, wiederholte Frau Davidoff. Sie überlegte angestrengt. „In meinem alten Laden hatte ich mal eine große gefleckte Seeschnecke. Wenn man die ans Ohr hielt, glaubte man das Meer rauschen zu hören. Aber die habe ich an eine italienische Touristin verkauft. Tut mir Leid, Schneckenhäuser findest du hier keine.“

„Ich will auch keine finden“, sagte das Mädchen und ging weiter an den Regalen entlang, gefolgt von Frau Davidoff.

„Hast du nicht gesagt, deine Schwester sammelt Schneckenhäuser?“, fragte Frau Davidoff.

„Ja, das tut sie“, sagte das Mädchen, während es auf einen Stuhl stieg, um das oberste Regalbrett überschauen zu können.

„Würdest du dich bitte etwas deutlicher ausdrücken?“, fragte Frau Davidoff fast ein wenig ärgerlich. Wollte sich dieses rothaarige Mädchen mit der runden Brille etwa über sie lustig machen? „Gerade hast du gesagt, du willst deiner Schwester Schneckenhäuser zum Geburtstag schenken, aber finden willst du trotzdem keine!“

„Ich habe nicht gesagt, dass ich Schneckenhäuser will“, sagte das Mädchen und nahm dabei eine viereckige Blechschachtel oben aus dem Regal. „Ich habe gesagt, dass meine Schwester welche sammelt.“

Es pustete den Staub vom Deckel der Schachtel, wischte dann noch mit der Hand darüber und hielt sie in den hellen Lichtstreifen, der durch das schmale Schaufenster in den Laden fiel.

„Ach ja“, sagte Frau Davidoff gedehnt. Sie wusste nicht recht, ob sie sich ärgern oder über dieses merkwürdige Mädchen lachen sollte. „Und weshalb erzählst du mir das dann von deiner Schwester? Nur so zur Unterhaltung?“

„Ich will ihr eine Schachtel schenken, in der sie ihre Schnecken aufbewahren kann“, sagte das Mädchen. „Jetzt liegen sie nämlich überall in unserem Zimmer herum, und wenn man nicht aufpasst, zertritt man sie.“

„Ach so!“ Frau Davidoff war erleichtert. „Warum sagst du das nicht gleich? Dann müssen wir wohl nach einer Schachtel suchen.“

„Nein“, sagte das Mädchen, während es vom Stuhl stieg.

„Nein?“, wiederholte Frau Davidoff. „Was soll denn das schon wieder heißen! Erst willst du Schneckenhäuser, dann nicht, dann eine Schachtel und doch wieder keine.“

„Wieso?“, fragte das Mädchen.

„Was ‚wieso‘?“, fragte Frau Davidoff zurück.

„Wieso sagen Sie, dass ich keine will?“, fragte das Mädchen.

Jetzt wurde Frau Davidoff richtig ärgerlich. „Als ich gefragt habe, ob wir nach einer Schachtel suchen müssen, hast du laut und deutlich nein gesagt. Oder willst du das ableugnen?“

„Nein.“

„Was ‚nein‘?“, fragte Frau Davidoff.

„Ich will es nicht ableugnen“, sagte das Mädchen.

„Könntest du, bitte schön, einer alten Frau, die deine

Oma sein könnte, ganz langsam und deutlich erklären, was du eigentlich willst?"

„Ich meinte doch nur, dass wir keine Schachtel suchen müssen, weil ich schon eine gefunden habe", sagte das Mädchen und hielt Frau Davidoff die Schachtel hin, die es aus dem obersten Regal genommen hatte. „Die ist groß genug."

Frau Davidoff verdrehte die Augen. „Drücken sich Kinder heutzutage immer so kompliziert aus?", fragte sie. „Hättest du nicht einfach sagen können: Ich will eine Dose aus Blech? Na gut, gib mal her, was du ausgesucht hast!"

Frau Davidoff betrachtete die Blechschachtel von allen Seiten. „War mal eine Keksdose", sagte sie dabei. „Irgendwer hat sie blau angemalt. Wenn man den alten Schriftzug noch sehen könnte, wäre sie viel mehr wert."

Sie gab dem Mädchen die Dose zurück. „Fünf Euro, weil du es bist", sagte sie dabei.

Das Mädchen betrachtete unschlüssig die Dose in seiner Hand. „Sie ist schön", sagte es. „Auch groß genug. Aber …"

„Aber?", fragte Frau Davidoff. „Sind fünf Euro etwa zu viel?"

„Nein. Aber meine Schwester freut sich vielleicht doch nicht darüber. Die Farbe stimmt nicht. Meine Schwester mag kein Blau. Bei ihr muss alles rot sein. Das ist ihre Lieblingsfarbe."

„Steig bitte noch mal auf den Stuhl!", befahl Frau Davidoff. „Soviel ich weiß, muss da oben noch eine zweite Dose stehen."

Das Mädchen stellte sich auf den Stuhl. „Die zweite ist auch blau. Leider", sagte es, nachdem es nachgeschaut hatte.

Frau Davidoff überlegte. „Ich mache dir einen Vorschlag: Du zahlst zehn Euro und bekommst dafür eine knallrote Dose."

„Haben Sie denn eine?"

„Noch nicht." Frau Davidoff lächelte. „Aber ich habe hinten im Nebenraum noch eine Büchse Kunstharzlack stehen. Karmesinrot, hell. Damit habe ich gestern die Heizungsrohre gestrichen, die waren so langweilig weiß. Wenn du willst, streiche ich deine Blechschachtel damit an. Bis übermorgen ist die Farbe trocken. Dann kannst du dir eine rote Schachtel abholen. Einverstanden?"

„Einverstanden", sagte das Mädchen.

„Verrätst du mir noch deinen Namen?", fragte Frau Davidoff. „Damit ich weiß, für wen ich die Schachtel zurücklegen soll."

„Rebekka", sagte das Mädchen. „Rebekka Kunstreich."

„Kunstreich? Das ist mal ein Name, den ich mir leicht merken kann", sagte Frau Davidoff und lachte. „Bis übermorgen also, Fräulein Kunstreich. Auf Wiedersehen."

„Wiedersehen", antwortete das Mädchen, nickte Frau Davidoff noch einmal zu und ging aus dem Laden.

Zwei Tage später, am Donnerstagnachmittag, lehnte Frau Davidoff gerade mit einem Tässchen Tee in der

Hand an der Verkaufstheke, als das rothaarige Mädchen mit den Sommersprossen und der runden Brille wieder in den Laden kam. Diesmal war es in Rot gekleidet: ein zinnoberrotes T-Shirt, dunkelrote Hosen und weinrote Söckchen. Nur die Turnschuhe waren blau.

„Hallo, Fräulein Kunstreich", sagte Frau Davidoff und lächelte dem Mädchen zu.

„Hallo", antwortete das Mädchen zögernd. Es schien erstaunt zu sein, dass Frau Davidoff seinen Namen nicht vergessen hatte.

„Ich hätte gern eine Schachtel oder Dose", fing das Mädchen an.

„Ich weiß. Denkst du, ich hätte das so schnell vergessen? Ich bin zwar schon alt, aber so verkalkt bin ich wirklich noch nicht."

Das Mädchen guckte Frau Davidoff verwirrt an.

„Deine Schwester hat am Samstag Geburtstag und du willst ihr eine Dose schenken", fuhr Frau Davidoff fort. „Stimmt's?"

„Woher wissen Sie das alles?", fragte das Mädchen. „Sind Sie eine Hellseherin oder so was?"

Frau Davidoff lachte. „Du traust meinem Gedächtnis wirklich nicht viel zu. Ich weiß sogar, was deine Schwester sammelt."

„Sie sammelt Knöpfe", sagte das Mädchen.

„Knöpfe? Wechselt sie immer so schnell ihr Sammelgebiet?", fragte Frau Davidoff.

„Es geht", sagte das Mädchen. „Vorher hat sie Kaugummis gesammelt. Die hat sie dann aber irgendwann aufgegessen."

„Aufgegessen?"

„Na ja, gekaut halt und dann ausgespuckt", erklärte ihr das Mädchen.

„Und dann kamen Schneckenhäuser dran", sagte Frau Davidoff.

„Knöpfe", verbesserte das Mädchen.

„Nun, mir soll's egal sein, ob sie da Knöpfe, Kaugummis oder Schneckenhäuser reinsteckt", murmelte Frau Davidoff, ging in den Nebenraum, kam mit der Dose zurück und stellte sie auf die Ladentheke. Die Dose glänzte im schönsten Karmesinrot.

„Hier!", sagte Frau Davidoff. „Kannst sie ruhig anfassen. Die Farbe ist trocken."

Das Mädchen nahm die Schachtel in die Hand, öffnete den Deckel und betrachtete sie lange.

„Na? Wie findest du sie?", fragte Frau Davidoff.

„Die Schachtel ist wirklich wunderschön", fing das Mädchen an.

„Das will ich meinen", sagte Frau Davidoff stolz.

„Sie ist auch groß genug", sagte das Mädchen.

„Ja, sehr schön groß", bestätigte Frau Davidoff.

„Sie gefällt mir wirklich sehr, sehr gut", fuhr das Mädchen fort.

„Fein", sagte Frau Davidoff. „Soll ich sie dir einpacken?"

„Nein." Das Mädchen schüttelte energisch den Kopf.

„Du nimmst sie also so mit?"

„Nein", sagte das Mädchen.

„Was heißt ‚nein'?", fragte Frau Davidoff. „Ich weiß ja inzwischen, dass du dich manchmal etwas kompliziert ausdrückst. Deshalb noch mal ganz langsam, damit ich alte Frau das auch verstehe …"

„Sie sind gar keine alte Frau", sagte das Mädchen.

„Danke für das Kompliment. Aber zurück zu unserem Problem: Du möchtest die Dose nicht eingepackt mitnehmen, aber auch nicht uneingepackt. Wie willst du sie denn dann haben?"

„Ich will sie überhaupt nicht haben", antwortete das Mädchen.

„Wie bitte?", rief Frau Davidoff. „Du willst sie nicht haben?"

Das Mädchen guckte Frau Davidoff erschrocken an.

„Nein", sagte es leise.

„Hast du nicht gerade behauptet, die Schachtel gefällt dir?"

„Ja, sehr", antwortete das Mädchen.

„Und weshalb willst du sie dann plötzlich nicht mehr haben?"

„Sie ist ja nicht für mich, sondern für meine Schwester. Die mag kein Rot."

„Kein Blau!", rief Frau Davidoff.

„Doch, Blau mag sie", widersprach das Mädchen.

Jetzt konnte Frau Davidoff ihren Zorn nicht mehr zügeln. „Du Göre willst dich über mich lustig machen!", rief sie. „Erst lässt du mich die Schachtel rot anstreichen, dann willst du sie wieder blau. Soll ich sie vielleicht noch mal übermalen? Ich lasse mir doch nicht von einem kleinen Mädchen auf der Nase herumtanzen. Du gibst mir jetzt die zehn Euro, die du in der Hand hast, nimmst deine Dose und verschwindest aus dem Laden. Verstanden?"

„Ich weiß gar nicht, warum Sie so schreien", sagte das Mädchen. Es sah aus, als würde es gleich anfangen zu weinen.

Frau Davidoff hörte auf zu schimpfen. Weinende Mädchen rührten sie.

„Ich schreie, weil ich es nicht mag, wenn man nicht zu seinem Wort steht", sagte sie, schon viel weniger laut.

„Na gut, dann nehme ich eben die Schachtel. Damit Sie aufhören zu schimpfen", sagte das Mädchen.

„Soll ich sie als Geburtstagsgeschenk einpacken?", fragte Frau Davidoff. Sie war nun wieder ganz ruhig.

„Nicht nötig", sagte das Mädchen. „Ich behalte sie sowieso für mich."

„Und deine Schwester? Was schenkst du der?", fragte Frau Davidoff.

„Weiß ich noch nicht. Mir wird schon was einfallen", sagte das Mädchen, legte den Geldschein auf die Theke und ging schnell aus dem Laden.

Es dauerte keine zehn Minuten, da kam es noch mal zurück.

Frau Davidoff stellte verblüfft fest, dass es sich inzwischen umgezogen hatte. Nun war es ganz in Blau gekleidet. Weiß der Himmel, wie sie das so schnell geschafft hat, dachte Frau Davidoff.

Das Mädchen kam mit einem freundlichen „Hallo“ auf Frau Davidoff zu.

„Hast du was vergessen?“, fragte Frau Davidoff.

„Ich? Nein. Wieso?“, fragte das Mädchen. „Ich möchte die Dose abholen.“

„Welche Dose?“, fragte Frau Davidoff.

„Na, die für meine Schwester eben“, sagte das Mädchen. „Die Keksdose, die Sie rot anmalen wollten.“

Frau Davidoff starrte das Mädchen mit offenem Mund an. Langsam kam ihr ein schlimmer Verdacht.

„Wie alt ist denn deine Schwester?“, fragte sie vorsichtig.

„Zehn. Genau wie ich“, sagte das Mädchen.

„Genau wie du? Dann seid ihr also …“

„Zwillinge, ja“, bestätigte das Mädchen. „Darf ich die Schachtel mal sehn? Ist das Rot schön geworden?“

Frau Davidoff angelte nach dem einzigen Stuhl im Laden und ließ sich schwer darauf fallen. „Ich …“ Sie kam ins Stottern. „Ich … also, ich fürchte, ich habe einen schrecklichen Fehler gemacht.“

„Fehler?“, fragte das Mädchen.

„Ich habe deiner Schwester soeben ihr Geburtstagsgeschenk verkauft“, gestand Frau Davidoff. „Es tut mir wirklich Leid. Aber wie hätte ich auch ahnen sollen, dass es euch gleich zweimal gibt! Man kann euch nicht unterscheiden.“

„Wieso nicht? Ist doch ganz einfach", sagte Rebekka. „Ich bin immer blau angezogen und meine Schwester Luisa rot."

„Was mache ich jetzt nur?", fragte Frau Davidoff. „Du kannst dir gar nicht vorstellen, wie peinlich mir das ist."

Rebekka überlegte kurz. Dann lachte sie.

„Ich weiß schon, wie wir es machen", sagte sie. „Es muss Ihnen gar nicht peinlich sein. Luisa hat sich mein Geburtstagsgeschenk selbst geschenkt. Also schenke ich mir einfach ihres. Hatten Sie nicht noch eine zweite blaue Schachtel da oben?"

„Ja, ja. Natürlich. Gute Idee!" Frau Davidoff stieg schnell auf den Stuhl, um die andere blaue Dose aus dem Regal zu holen.

„Da waren mal Lebkuchen drin", erklärte sie, während sie den Deckel am Ärmel ihres Kleides blank wischte. „Genau das Richtige für deine Knopfsammlung. Für fünf Euro kannst du sie haben."

„Woher wissen Sie, dass ich Knöpfe sammle?", fragte das Mädchen. „Sind Sie Hellseherin?"

„Ach, man hat so seine Quellen", sagte Frau Davidoff. „Soll ich dir die Dose einpacken oder nimmst du sie so mit?"

„Schön einpacken", sagte Rebekka. „Schließlich ist es mein Geburtstagsgeschenk. Wenn es geht, dann bitte mit blauer Schleife."

Wenig später kam ein sommersprossiges, rothaariges, blau gekleidetes Mädchen mit zufriedenem Gesichtsaus-

druck aus dem Laden, ein blaues Päckchen unter dem Arm.

Drinnen schenkte sich Frau Davidoff eine große Tasse Tee ein.

„Das war nun wirklich ein sehr ärgerlicher Fehler. Gut, dass dem kleinen Fräulein Kunstreich diese kunstreiche Lösung eingefallen ist“, murmelte sie dabei. Dann lächelte sie, hob die Tasse, prostete dem heiligen Nepomuk auf dem Bild zu und nahm einen tiefen Schluck. „Aber auf diese Weise habe ich an einem einzigen Nachmittag gleich zwei von diesen alten Blechdosen verkauft.“

Die Pistole

Alexander möchte eine Pistole haben. Er weiß genau, wie sie aussehen soll. Sie soll schwarz sein und muss laut knallen, wenn man abdrückt. Vorne aus der Pistole kommt dann ein kleiner Feuerfunken raus, wie bei dem Gasanzünder, den Tante Nelly immer benutzt, um die Flamme an ihrem altmodischen Gasherd zu entzünden. Da ist ein kleiner Feuerstein drin, hat sie Alexander mal erklärt. Wahrscheinlich ist in der Pistole genau so ein Stein.

Alexander weiß auch, wo man diese Pistole kaufen kann: im Kaufhaus Krone, im zweiten Stock, links, wo die Spielwaren sind.

Sein Freund Uwe hat nämlich so eine Pistole. Die hat er im Kaufhaus Krone gekauft, im zweiten Stock, links, bei den Spielwaren. Genau so eine möchte Alexander haben.

Letzte Woche hat Alexanders Mutter gesagt: „Du hast ja bald Geburtstag. Am besten, du schreibst uns diesmal eine Liste mit deinen Wünschen. Dann geht es dir nicht so wie letztes Jahr mit der Kugelbahn."

Im letzten Jahr hat Alexander nämlich eine Kugelbahn

aus Holz geschenkt bekommen. Sie war fast höher als er und hatte mindestens zehn Kurven. Wenn die Kugel rollte, klingelte es, weil sie unterwegs an Glöckchen und kleine Stäbe aus Metall stieß, und wenn sie unten ankam, prallte sie gegen einen Blasebalg, der dann wie ein Schaf „mäh" blökte.

Alexanders Eltern dachten, Alexander würde sich freuen. Aber er war überhaupt nicht begeistert und sagte: „Ihr denkt wohl, ich bin noch ein Kindergartenkind?"

Dabei ging er damals schon in die zweite Klasse.

Die Kugelbahn steht jetzt unbenutzt auf dem Schränkchen im Flur. Nur ab und zu spielt Alexanders Vater ein bisschen damit, lässt die Kugel rollen und freut sich, wenn die Glöckchen klingeln und der Blasebalg ein mattes „Mäh" ausstößt.

Alexander spielt nie mit der Kugelbahn.

Kein Wunder also, dass Alexanders Mutter möchte, dass er diesmal eine Wunschliste schreibt.

„Am besten, du notierst alle Wünsche, die dir einfallen", sagt seine Mutter. „Papa und ich wählen dann zwei oder drei Geschenke aus deiner Liste aus. So gibt es wenigstens noch eine kleine Überraschung für dich. Weil du ja nicht weißt, für welchen deiner Wünsche wir uns entscheiden."

Also schreibt Alexander auf seine Liste:

„Eine Pistole,
ein paar Turnschuhe mit Blinklichtern,
einen Krimi,

eine Pistole,
Süßigkeiten,
eine Pistole,
eine Sonnenbrille mit gelbem Rand,
eine Pistole,
ein Auto mit Fernsteuerung,
eine Pistole,
Hörspielkassetten."

Hier will Alexander eigentlich Schluss machen. Dann schreibt er doch noch einmal darunter, dick unterstrichen:

„Eine Pistole".

Alexander sagt sich: Ganz egal, ob sie nun den ersten Wunsch wählen, den vierten, zehnten oder den letzten. Eine Pistole ist auf jeden Fall dabei. Außerdem merken sie gleich, was mein Lieblingswunsch ist.

Dann kommt der Geburtstag.

Alexander soll seine Geschenke erst am Mittag auspacken, wenn er aus der Schule kommt. Dann kann nämlich auch Papa dabei sein. Und der will sich doch über Alexanders Freude beim Auswickeln der Geschenke mitfreuen.

Als Alexander die neun Kerzen auf dem Geburtstagskuchen ausgeblasen hat, darf er die Geschenke aufmachen. Er entdeckt gleich, in welchem der Päckchen die Pistole ist. In dem mit dem grünen Einwickelpapier zeichnet sich ein länglicher Gegenstand ab, das kann nur die Pistole sein.

Das Beste hebe ich mir bis zum Schluss auf, denkt Alexander und wickelt erst mal die Turnschuhe, das Auto mit Fernsteuerung und die Hörspielkassetten aus. Dann macht er den Brief auf, der neben dem Kuchen liegt. Er ist von Tante Nelly. Wie zu seinem letzten Geburtstag hat sie ihm auch diesmal zehn Euro geschickt. Schließlich öffnet er feierlich und ganz behutsam das letzte, das längliche Päckchen: Eine Sonnenbrille mit gelbem Rand kommt zum Vorschein.

„Und wo ist die Pistole?", fragt Alexander.

„Pistole? Welche Pistole?", fragt Mama erstaunt.

„Na, die von meinem Wunschzettel!", ruft Alexander. Fast muss er weinen vor Enttäuschung.

Papa erinnert sich. „Stimmt", sagt er. „Die hattest du darauf geschrieben. Aber wir hatten ja ausgemacht, dass wir von deinem Wunschzettel das Schönste auswählen dürfen."

„Na eben!", sagt Alexander. „Die Pistole war doch das Schönste. Und ihr habt sie vergessen."

„Wir haben sie nicht vergessen", widerspricht Mama. „Wir haben sie absichtlich nicht gekauft. Wie kannst du nur eine Pistole schön finden? Damit schießt man!"

„Ja, ich weiß", antwortet Alexander. „Deswegen will ich sie ja."

Papa macht ein ernstes Gesicht. „Von uns bekommst du keine Pistole. Das schlag dir lieber gleich aus dem Kopf. Pistolen sind Waffen. Damit werden Menschen umgebracht. Die sind dann tot, verstehst du?"

„Ich will ja keine echte, nur eine zum Spielen", sagt Alexander. „Ich bringe damit doch keine Menschen um!"

„Aber du spielst, dass du Menschen verletzt. Und das wollen wir nicht", sagt Mama.

„Uwe hat von seinen Eltern auch eine Pistole geschenkt gekriegt", sagt Alexander. „Die denken überhaupt kein bisschen, dass er jetzt Menschen umbringt."

„Das müssen Uwes Eltern selbst entscheiden", antwortet Papa. „Von uns wirst du jedenfalls keine kriegen. Eine Waffe kommt mir nicht ins Haus."

Mama tut es Leid, dass Alexander jetzt so enttäuscht

ist. „Lass uns noch mal darüber reden“, sagt sie zu Papa. „Vielleicht kann er ja im nächsten Fasching eine bekommen. Wenn er sich zum Beispiel als Cowboy verkleidet, dann gehört eine Pistole gewissermaßen zum Kostüm.“

„Cowboys haben keine Pistolen, sie haben Revolver“, belehrt Papa sie.

„Ist das nicht das Gleiche?“, fragt Mama.

Bevor Papa anfangen kann, ihr lange und ausführlich den Unterschied zwischen Pistolen und Revolvern zu erklären, sagt Alexander: „Ich will mich aber gar nicht als Cowboy verkleiden, sondern als Außerirdischer. Außerdem ist Fasching erst nächstes Jahr im März.“

„Im Februar“, verbessert Papa.

„Wir wollen jetzt doch nicht über Pistolen oder Revolver streiten und über März oder Februar, sondern endlich Alexanders Geburtstag feiern“, sagt Mama. Sie reicht Alexander das große Messer. „Du darfst jetzt den Kuchen anschneiden.“

„Ach, und das Messer darf ich also nehmen?“, fragt Alexander.

„Warum nicht, du bist alt genug“, sagt Papa.

„Aber mit Messern werden doch Menschen erstochen“, sagt Alexander. „Ich dachte, eine Waffe kommt dir nicht ins Haus?“

Papa muss lachen. „Unser Sohn ist ganz schön spitzfindig“, sagt er zu Mama. Und zu Alexander sagt er: „Diese Waffe darfst du ausnahmsweise benutzen. Vorausgesetzt, du gibst mir auch ein Stück Kuchen ab.“

Später am Nachmittag setzt Alexander die neue Sonnenbrille auf, nimmt das Auto mit Fernsteuerung unter den Arm und geht nach draußen. Gleich neben dem Haus ist ein kleiner Platz mit einem Brunnen in der Mitte, der Ulrichplatz. Da dürfen keine Autos fahren. Es sei denn, es sind ferngesteuerte Spielzeugautos.

Als Alexander sein neues Auto schon einige Male in einem weiten Kreis um den ganzen Platz gesteuert hat und es dabei nur selten mit Fußgängern oder Kinderwagen zusammengestoßen ist, kommt zufällig sein Freund Uwe vorbei.

Uwe ist begeistert, als er das Auto sieht, und fragt gleich, ob er es auch mal um den Platz rasen lassen darf.

„Was kriege ich, wenn du die Fernsteuerung den ganzen Nachmittag lang haben darfst?“, fragt Alexander.

„Was willst du denn dafür haben?“, fragt Uwe zurück.

„Wir könnten ja tauschen“, sagt Alexander.

„Womit tauschen?“, fragt Uwe.

„Du leihst mir deine Pistole und bekommst dafür das Auto“, schlägt Alexander vor.

„Einverstanden“, sagt Uwe.

Gemeinsam gehen sie zu Uwe nach Hause. Alexander wartet vor der Tür, während Uwe die Pistole aus dem Kinderzimmer holt.

Dann tauschen sie. Uwe bekommt das Auto und die Fernsteuerung, Alexander die Pistole.

„Ich geh wieder zurück zum Ulrichplatz“, sagt Uwe. „Kommst du mit?“

„Ich bleib lieber hier in der Gegend", antwortet Alexander. Er hat nämlich Angst, seine Eltern könnten ihn mit der Pistole sehen, wenn sie aus dem Fenster gucken oder einkaufen gehen. Aber das sagt er Uwe nicht.

„Und wann krieg ich die Pistole wieder?", fragt Uwe.

„Um fünf?", schlägt Alexander vor.

„Gut, um fünf. Um fünf am Ulrichplatz. Aber sei pünktlich", sagt Uwe. Dann zieht er mit dem Auto los.

Alexander geht die Straße entlang. Noch steckt die Pistole in seiner Jackentasche. Aber als er in der Sonnenallee unter den Bäumen ist, zieht er sie heraus und drückt zum ersten Mal auf den Abzug. Es ist genau so, wie er es sich vorgestellt hat. Die Pistole knallt und vorne kommt ein Feuerstrahl raus.

„Mann, die knallt richtig gut", sagt plötzlich eine Jungenstimme hinter Alexander. Er dreht sich um. Hinter ihm steht Botho. Alexander kennt ihn vom Schulhof. Botho steht immer bei den Großen, er geht schon in die vierte Klasse. Normalerweise sprechen Viertklässler nicht mit so Kleinen wie Alexander. Es muss an der Pistole liegen, dass Botho ihn jetzt anspricht. Alexander drückt gleich noch einmal ab und lässt es knallen.

„Sieht richtig echt aus, deine Pistole", sagt Botho. „Damit könntest du glatt einen Supermarkt überfallen."

„Oder eine Bank", sagt Alexander.

„Hast du gestern Abend ferngesehen?", fragt Botho. „Da hatte einer auch so 'ne Pistole. Genau exakt wie deine."

„Ich darf abends nie fernsehen", sagt Alexander. „Was kam denn für ein Film?"

„Ich weiß nicht mehr, wie er hieß", erzählt Botho. „Erst war es ein Zeichentrickfilm, dann wurde er aber echt, mit richtigen Menschen und so."

„Und worum ging's dabei?", fragt Alexander. Sie gehen nun nebeneinander die Sonnenallee entlang.

„Da war eine rothaarige Frau, die ist immer nur gerannt."

„Gerannt? War das nicht langweilig?", fragt Alexander.

„Ja, schon ein bisschen. Aber die hatte einen Freund. Und da wurde es richtig spannend. Der wollte nämlich einen Supermarkt ausrauben. Also, nicht den ganzen Supermarkt, nur das Geld aus der Kasse. Der hatte genau so eine Pistole wie du, mit der ist er in den Supermarkt, hat in die Decke geschossen und dabei geschrien: ‚Das ist ein Überfall!'"

„So?", fragt Alexander, schießt senkrecht in die Luft und brüllt: „Das ist ein Überfall!"

„Genauso hat er es gemacht. Hat nicht auf die Leute gezielt, sondern in die Decke geschossen. Und alle haben Schiss gehabt. Darf ich auch mal?"

Botho wartet gar nicht Alexanders Antwort ab, nimmt ihm die Pistole aus der Hand, lässt sie knallen und schreit: „Überfall! Das ist ein Überfall!"

Gemeinsam gehen sie nun die Allee entlang und spielen Überfall. Mal schießt Alexander, mal Botho. Aber „Das ist ein Überfall!" rufen sie immer gemeinsam, im Chor.

Die anderen Fußgänger schauen kopfschüttelnd hinter ihnen her. Das bringt die beiden nur zum Lachen.

Die Sonnenallee mündet in die Ludwigstraße. An der Ecke ist ein Supermarkt.

„Komm, wir machen es dadrinnen auch", schlägt Botho vor.

„Richtig mit Schießen und Rufen?", fragt Alexander zögernd. „Das geht nicht."

„Natürlich geht das", sagt Botho. „Die Leute wissen doch, dass es nicht ernst ist. Die wissen doch, dass es als Witz gemeint ist. Wirst sehen, die lachen sogar."

„Ich schieße nicht", sagt Alexander.

„Na gut, dann gib mir die Pistole“, sagt Botho. „Aber du musst mitrufen, wenn ich schreie: ‚Das ist ein Überfall.‘ Ja?“

„Ja“, sagt Alexander.

„Aber nicht lachen dabei!“, mahnt Botho.

Die beiden gehen durch die Glastür, stellen sich drinnen auf, rufen gleichzeitig: „Das ist ein Überfall!“, und Botho lässt die Pistole knallen.

Die Frau an der Kasse findet das überhaupt nicht witzig. Sie springt auf, kommt auf die beiden zu und ruft: „Ihr seid wohl nicht ganz bei Trost? Was fällt euch ein, mit so was macht man keinen Spaß.“ Sie streckt die Hand aus, zeigt auf die Pistole: „Gib sofort das Ding da her!“

„Die gehört mir doch gar nicht, die gehört dem da“, stottert Botho und drückt Alexander schnell die Pistole in die Hand.

„So, dir gehört sie“, sagt die Kassiererin. „Wie heißt du?“

„Alexander“, antwortet Alexander.

Botho nutzt die Gelegenheit und rennt schnell aus der Tür.

„Alexander. Und wie noch?“, fragt die Kassiererin.

„Alexander Nottelbeck.“

„So, Alexander Nottelbeck, jetzt gibst du mir dein Schießeisen“, befiehlt sie. Alexander reicht ihr zögernd die Pistole. Sie geht zur Kasse zurück und legt sie darunter ins Regal. „Da bleibt deine Pistole jetzt“, sagt sie dabei. „Wenn du sie wiederhaben willst, musst du mir deinen Vater vorbeischicken. Dann kann ich ihn gleich fragen, ob er es gut findet, dass sein Sohn hier drinnen mit einer Pistole rumknallt und die Kunden erschreckt."

Mit hängenden Schultern schleicht Alexander aus dem Supermarkt.

Botho ist nicht mehr zu sehen, der ist wohl abgehauen.

Was soll ich denn jetzt machen, fragt sich Alexander. Ich kann Papa doch nicht erzählen, dass ich eine Waffe hatte und im Supermarkt ‚Das ist ein Überfall!' gerufen habe. Unmöglich! Aber um fünf steht Uwe mit meinem Auto am Ulrichplatz und will seine Pistole wiederhaben.

Dann hat Alexander eine Idee. Schnell rennt er nach Hause.

„Es ist ja dein Geld und du kannst mit den zehn Euro von Tante Nelly machen, was du willst", sagt Mama wenig später. „Trotzdem würde mich interessieren, wofür du es so schnell ausgeben willst."

Alexander ist nämlich ins Wohnzimmer gestürmt, hat schnell das Geld aus dem Kuvert genommen und will schon wieder nach draußen rennen.

„Es ist … ist für Uwe", stottert Alexander.

„Für Uwe? Hast du etwa Schulden bei ihm?", fragt Mama.

„Nein, ich muss … ich will ihm was kaufen", sagt Alexander.

Und als er den fragenden Blick von Mama spürt, setzt er schnell hinzu: „Er hat Geburtstag."

Das ist nur halb gelogen, denn Uwe hat wirklich Geburtstag. Allerdings erst im Januar. Aber Alexander hat ja nicht behauptet, Uwe hätte *heute* Geburtstag.

Mama ist gerührt. „Das finde ich nobel von dir, dass du dein Geld für einen Freund ausgibst", lobt sie Alexander. „Weißt du schon, was du ihm schenken willst?"

„Mal sehen", sagt Alexander. Dann rennt er los. Viel Zeit hat er nicht mehr, es ist schon halb fünf.

Alexander rennt und rennt.

Um zwanzig vor fünf steht er im Kaufhaus Krone, im zweiten Stock, links bei den Spielwaren, und fragt die Verkäuferin: „Was kostet die Pistole da in der Vitrine?"

„Die schwarze? Neun Euro neunzig", antwortet sie. „Möchtest du sie haben?"

Alexander nickt.

Die Verkäuferin holt die Pistole aus der Vitrine und erklärt dabei: „Da sind Zündplättchen drinnen, das knallt ziemlich laut. Außerdem kommt vorne ein kleiner Feuerstrahl raus, wenn du abdrückst. Und hier unten …"

„Das weiß ich doch alles", sagt Alexander ungeduldig. „Kann ich sie jetzt haben? Ich muss um fünf bei meinem Freund sein."

„Du hast es aber sehr eilig", sagt die Verkäuferin ein wenig beleidigt. „Neun Euro neunzig."

Ihre Kollegin sagt: „Die Kinder heutzutage haben alle keine Zeit mehr. Bist wohl schon ein kleiner Manager?"

Alexander antwortet nicht, zahlt, nimmt die Pistole und rennt schon wieder.

Auf die Minute genau um fünf steht er vor seinem Freund Uwe.

„Hier hast du dein Auto wieder", sagt Uwe. „Es fährt wirklich gut."

„Und hier ist deine Pistole", sagt Alexander.

„Die glänzt ja wie neu. Hast du sie geputzt?", sagt Uwe.

„Wie neu? Findest du?", fragt Alexander, nimmt sein Auto unter den Arm, sagt noch: „Bis morgen in der Schule!", und macht sich auf den Weg nach Hause.

Eigentlich gehört die Pistole unter der Kasse im Supermarkt ja jetzt mir, denkt er, während er langsam die Straße entlangschlendert. Ich habe sie schließlich bezahlt. Nicht direkt sie, aber die andere, die ich Uwe gegeben habe. Das Blöde ist nur, dass Papa sie abholen müsste. Für Fasching hat Mama mir die Pistole ja halb erlaubt. Ich müsste im Februar nur sagen, dass ich mich doch als Cowboy verkleide und dass sie mir gar keine Pistole kaufen müssen. Papa müsste nur zum Supermarkt gehen und sie holen. Dann muss ich ihm aber erklären, wie sie dahin gekommen ist.

Vielleicht gehe ich doch lieber als Außerirdischer.

Außerdem haben Cowboys sowieso keine Pistolen, sondern Revolver.

Die große Schwester

Hanna bewundert ihre große Schwester Christine wirklich sehr. Christine geht schon in die Schule, kann so viel und weiß fast alles.

Am liebsten wäre Hanna genauso wie Christine.

Wenn Christine ihre Haare nach hinten bürstet und mit einer Glitzerspange zu einem Pferdeschwanz zusammensteckt, will Hanna nicht nur auch so eine Haarspange haben, sondern genau die gleiche Frisur. Obwohl ihre Haare für einen Pferdeschwanz doch viel zu kurz sind.

Wenn Christine zum Geburtstag einen Pulli geschenkt bekommt, auf dem vorne zwei galoppierende Pferde mit wehender Mähne eingestickt sind, bettelt Hanna so lange, bis Mama ihr auch einen Pferdepulli kauft. Obwohl Hanna doch erst im Juli Geburtstag hat.

Alles soll genauso sein wie bei Christine.

Nun könnte man ja denken, Christine sei stolz, von ihrer kleinen Schwester so bewundert zu werden. Aber Christine findet das überhaupt nicht lustig.

„Musst du mir eigentlich immer alles nachmachen?“, sagt sie zu Hanna.

„Wieso? Ich mach dir nicht alles nach“, verteidigt sich Hanna. „Höchstens manchmal ein kleines bisschen.“

Aber das stimmt nicht. Sie macht wirklich alles nach.

Christine hat keine Lust, deswegen mit Hanna zu streiten. Sie holt ihre Wasserfarben und einen großen Bogen Packpapier, setzt sich an den Küchentisch und malt einen blauen Drachen mit grünen Flügeln.

Hanna schaut zu.

Als das Bild fertig ist, nimmt Christine die Schere aus der Schublade und schneidet den Drachen aus. Das ist schwierig, weil sie die Flügel ziemlich spitz und zackig gemalt hat, aber sie kriegt es hin. Dann geht sie in ihr Zimmer und pinnt den Drachen mit sieben Reißzwecken an die Wand neben ihrem Bett.

Kurz darauf streckt Mama ihren Kopf durch die Tür.

„Christine, wie kannst du nur deine Malsachen in der Küche lassen", ruft sie. „Guck dir mal an, was Hanna drüben gemacht hat. Die halbe Tischplatte ist jetzt blau bemalt!"

„Ich wollte doch nur meinen Drachen schnell aufhängen", verteidigt sich Christine.

„Und die Schere hast du auch nicht weggeräumt", sagt Mama vorwurfsvoll.

„Das hätte ich schon noch getan", sagt Christine. „Außerdem ist das eine Kinderschere mit runden Ecken, damit kann man sich überhaupt nicht wehtun."

„Aber man kann damit die Tischdecke anschneiden. Und genau das hat Hanna getan", sagt Mama.

„Kann ich vielleicht etwas dafür, dass sie so was Dummes macht?", fragt Christine.

„Nein, natürlich nicht", sagt Mama. „Aber du weißt doch, dass sie dir alles nachmacht. Deshalb darfst du eben nichts herumliegen lassen."

Kein Wunder, dass Christine ärgerlich ist. Sie räumt die Schere und ihre Malsachen weg, knallt die Küchentür zu und rennt aus dem Haus.

Draußen setzt sie sich auf ihr Fahrrad und fährt Achter und Kurven im Hof. Zuerst links um Papas neues Auto herum, dann wendet sie auf engstem Raum, ohne auch nur einmal mit den Füßen den Boden zu berühren, dann rechts um das Auto und wieder zurück.

Hanna schaut vom Fenster aus zu.

Als Christine keine Lust mehr hat, lehnt sie das Fahrrad an die Mauer und geht wieder in ihr Zimmer. Sie findet, dass der blaue Drache eigentlich nicht besonders gut zur aprikosenfarbenen Bettwäsche passt. Deshalb nimmt sie das Drachenbild von der Wand neben dem Bett und hängt es über ihrem Schreibtisch auf.

Draußen setzt sich Hanna auf Christines Fahrrad. Das heißt, sitzen kann sie darauf eigentlich nicht, dazu ist der Sattel zu hoch. Sie steht in den Pedalen und fährt rechts an Papas Auto vorbei. Dann steigt sie ab und wendet das Fahrrad, denn Kurven kann sie noch nicht fahren, steigt wieder auf und fährt zurück.

Als sie gerade neben dem Auto ist, kippt das dumme Fahrrad um, und – ratsch – kratzt der Hebel der Handbremse einen langen Streifen in den Autolack.

Papa ist ganz aus dem Häuschen, als er die Schramme entdeckt.

„Christine, musst du ausgerechnet jetzt Fahrrad fahren? Warum fährst du nicht, wenn das Auto in der Garage steht“, sagt er. „Nun guck dir nur diesen Kratzer an!“

„Ich? Wieso ich?“, fragt Christine. „Der Kratzer ist doch nicht von mir!“

„Natürlich nicht“, sagt Papa. „Aber du weißt doch, dass Hanna dir alles nachmacht.“

Und da soll Christine sich nicht ärgern! Wenn diese kleine Kröte doch endlich mit dem Nachmachen aufhören würde, denkt sie.

Aber das tut Hanna nicht. Keine Spur! Am nächsten Tag kommt sie sogar in ziemliche Schwierigkeiten deswegen.

Als Mama Christine die Einkaufstasche in die Hand drückt und sie bittet, mal schnell zum Geschäft an der Ecke zu gehen, um einen Kopfsalat und ein Sträußchen Petersilie zu kaufen, will Hanna unbedingt auch eine Einkaufstasche haben und mit einkaufen gehen.

Und Mama sucht tatsächlich nach einer zweiten Tasche.

„Wenn Hanna schon mitkommt, weshalb muss sie dann eine Tasche haben?", fragt Christine. „Ich denke, ich soll nur einen Salat kaufen?"

„Jetzt lass sie halt, wenn es ihr Spaß macht", antwortet Mama. „Dann tust du eben den Salat in deine Tasche und in Hannas die Petersilie."

Also gehen die beiden zusammen einkaufen.

Als sie beim roten Ziegelhaus vorbeikommen, in dem Roland und Hermann Joschmann wohnen, flüstert Hanna ihrer Schwester zu: „Lass uns schnell vorbeirennen. Roland und Hermann sind im Garten. Die schießen immer mit Gummibändern solche Papierkrampen auf andere Kinder. Das tut weh, wenn sie einen treffen."

Aber Christine denkt nicht daran zu rennen. Sie beugt sich über den Zaun, stemmt die Arme in die Seiten und

zischt den Joschmann-Brüdern zu: „Wenn einer von euch mit diesen Gummis auf uns schießt, dann zieh ich ihm die Nase lang wie ein Kaugummi und binde einen Knoten rein. Dann kann er den Rest seines Lebens als Nasenbär rumrennen!"

Roland und Hermann werden bleich und treten vorsichtshalber einen Schritt zurück.

Hanna findet das unwahrscheinlich toll von ihrer großen Schwester. Als sie am nächsten Tag aus dem Kindergarten kommt, macht sie extra einen Umweg am Joschmann-Haus vorbei. Roland und Hermann sind wieder im Garten.

Hanna guckt durch die Lücken im Gartenzaun und schreit: „He, ich zieh euch die Nasen lang wie ein Gummiband, ihr Nasenbären!"

Aber diesmal werden die Joschmann-Brüder nicht bleich vor Schreck, sondern rot vor Wut und rufen: „Das werden wir gleich sehen, wer wem die Nase lang zieht!"

Hanna muss rennen wie schon lange nicht mehr und erreicht in letzter Sekunde die rettende Haustür.

„Siehst du, das hast du von deinem ewigen Nachmachen", sagt Christine, als Hanna ihr alles erzählt.

Vielleicht lässt sie es jetzt bleiben, denkt sie.

Aber eine halbe Stunde später, als Christines Ball auf das flache Garagendach fällt und Christine die Leiter anstellt, um den Ball zu holen, steigt Hanna prompt hinter ihr her.

Als sich Christine oben auf dem Dach vorsichtig umwendet und mit dem Ball in der Hand hinunterklettern will, steht Hanna schon auf der drittletzten Sprosse.

„Hanna, was machst du! Das ist gefährlich. Steig sofort wieder nach unten!", ruft Christine.

„Ich kann nicht. Ich trau mich nicht alleine", heult Hanna und klammert sich an der Leiter fest. „Hilf mir, sonst fall ich runter."

Wenn Christine im Hof stünde, könnte sie Hanna ja hinunterhelfen. Aber so bleibt ihr nichts anderes übrig: Sie muss Papa rufen, damit er Hanna von der Leiter pflückt.

„Jaja, ich weiß schon, ich bin wieder mal schuld!“, ruft Christine, bevor Papa überhaupt etwas sagen kann. „Weil ich doch wissen müsste, dass Hanna mir immer alles nachmacht.“

Christine hat nun wirklich genug von ihrer Schwester. Sie lässt Hanna und Papa einfach im Hof stehen und rennt in ihr Zimmer.

Man müsste kleine Schwestern einfach weggeben können, denkt sie. Es muss ja nicht gleich so ein schlimmes Waisenhaus sein, wie es immer in diesen englischen Büchern beschrieben ist. Nein, Hanna soll es gut haben. Wir geben sie bei einer freundlichen Familie ab, die keine Kinder hat und Hanna gerne adoptiert. Da darf sie dann gerne auf Leitern steigen und Autos verkratzen, die werden ihre neue kleine Tochter trotzdem niedlich finden. Vielleicht gibt es ja ein Haustier da, mit dem Hanna spielen könnte, eine Katze oder einen kleinen gefleckten Hund.

Sie würde Hanna natürlich schon vermissen. Aber sie könnte sie ja besuchen. Mindestens einmal die Woche. Na ja, wahrscheinlich sogar jeden Tag, nachmittags nach der Schule. Das wäre dann allerdings nicht viel anders als jetzt. Da könnte Hanna genauso gut hier bleiben.

Was sie wohl gerade macht? Es ist so still, man hört gar nichts von ihr.

Christine wird unruhig. Sie sucht im ganzen Haus nach ihrer Schwester. Sie ruft. Keine Antwort! Womöglich unternimmt Hanna gerade wieder etwas Verrücktes, und schon heißt es: Du weißt doch, dass die Kleine dir alles nachmacht!

Christine findet Hanna schließlich auf dem Balkon.

Papa hat da den Pudding fürs Abendessen zum Abkühlen hingestellt. Gerade steckt Hanna den Zeigefinger tief in den Schokoladenpudding, zieht ihn heraus und schleckt ihn genüsslich ab.

„Sag mal: Spinnst du?“, schreit Christine. „Du kannst doch nicht einfach den Pudding aus der Schüssel essen. Und noch dazu mit dem Finger!“

„Schmeckt aber gut“, sagt Hanna und steckt den Finger noch tiefer in die Schüssel. „Probier doch mal!“

Christine greift nach Hannas Hand und will sie vom Pudding wegziehen. Aber weil Hanna sich dagegen stemmt, rutscht Christines Hand aus und landet mitten im Pudding.

Es spritzt, und Hanna kann sich kaum einkriegen vor Lachen.

Christine muss ihre Finger wohl oder übel ablecken.

„Schmeckt gut, was?“, sagt Hanna.

Christine nickt. Es schmeckt nicht nur gut, es macht sogar Spaß, den Finger tief in den weichen, warmen Pudding zu stecken.

„Du musst den Pudding ganz unten aus der Schüssel holen. Oben hat er nämlich eine Haut und die ist hart“, sagt Hanna sachkundig.

„Von ganz unten?“, fragt Christine. Zögernd steckt sie den Finger ein zweites Mal in die Schüssel.

Als Mama nach einer Weile auf den Balkon kommt, traut sie ihren Augen nicht.

Da sitzen die beiden mit schokoladenverschmierten Mündern vor der halb leeren Puddingschüssel.

„Christine!“, ruft Mama fassungslos. „Christine, also, dass du so was machst!“ Sie weiß nicht, ob sie lachen oder schimpfen soll. „Und das auch noch vor Hanna. Du weißt doch, dass sie dir alles nachmacht.“

„Nein, Mama, stimmt nicht!“, sagt Hanna stolz. „Diesmal habe *ich* es gemacht, und Christine hat es mir nachgemacht.“

Ein Tag im Leben von Commander Walter

„Es sieht schlimm aus, Commander. Sehr schlimm!“ Der Erste Offizier wandte den Blick nicht von den Bordinstrumenten, während er sprach. „Sieht so aus, als hätten wir einen Schaden an der Außensteuerung. In weniger als neun Minuten und 30 Sekunden wird das Raumschiff vom vorgeschriebenen Kurs abweichen.“

„Dann werde ich wohl hinausmüssen und unsere alte Kiste wieder auf Kurs bringen“, sagte Commander Walter entschlossen.

„Hinaus? In den luftleeren Raum? Sie wissen, wie gefährlich das ist!“, rief Luisa, die zweite Pilotin. „Der Sauerstoff reicht gerade mal für zehn Minuten.“

„Keine Sorge, Schätzchen. Ich habe nicht vor, da draußen Urlaub zu machen“, antwortete Commander Walter.

Die ganze Mannschaft brach in Lachen aus. Das war wieder mal typisch für den Chef der Raumflotte. Wollte gerade eine unheimlich gefährliche Aktion unternehmen und machte noch Witze!

Commander Walter griff nach dem Raumanzug, der ihn vor der eisigen Kälte des Weltraums und der Luftleere schützen sollte, und begann langsam den Reißverschluss hochzuziehen.

„Walter! Bist du immer noch nicht angezogen?“ Walters Mutter stand in der Tür des Kinderzimmers. „Wenn du weiter so trödelst, kommst du wieder zu spät in die Schule. Jetzt beeil dich endlich!“

„Ich mach ja schon“, antwortete Walter, während er den Reißverschluss seiner Strickjacke zuzog.

„Hast du deine Schulsachen gepackt?“, fragte seine Mutter. „Welche Fächer habt ihr denn heute?“

„Ich weiß nicht genau“, sagte Walter. Er suchte unter dem Bett nach seinen Schuhen. „Ich glaube, Deutsch und Mathe.“

„Du glaubst es! Wozu hast du einen Stundenplan? Und wann lernst du es endlich, deinen Ranzen schon am Abend vorher zu packen?“

Seine Mutter studierte den Stundenplan, den Walter an die Wand gepinnt hatte. „Musik, Mathematik, Erdkunde und Deutsch“, las sie vor. Sie öffnete Walters Schultasche. „Und wo ist das Mathebuch?“, fragte sie.

„Ist es nicht im Ranzen?“, fragte Walter zurück.

Er ging hinüber zu seinem Tisch, schob erst drei Comichefte beiseite, dann einen Stapel selbst gemalter Manga-Zeichnungen, eine leere CD-Hülle und die Spielanleitung für sein neues Computerspiel. „Da liegt es ja“, sagte er dann, nahm das Mathebuch vom Tisch und steckte es zu den Heften in die Schultasche.

„Jetzt aber schnell“, sagte seine Mutter und ging voraus, die Treppe hinunter. „Dein Tee ist bestimmt schon kalt.“

Sein Vater sah nicht von der Zeitung auf, als Walter sich an den Frühstückstisch setzte.

„Guten Morgen“, sagte Walter leise.

Der Vater erwiderte Walters Gruß nicht, nahm die Zeitung beiseite und schaute seine Frau missmutig an. „Musst du den Jungen derart verwöhnen?“, sagte er. „Lass ihn ruhig mal zu spät kommen, wenn er wie üblich nicht fertig wird.“

„Dann kriegt er aber eine Strafe von seinem Lehrer“, sagte die Mutter.

„Die hat er dann auch verdient. So jedenfalls kann es nicht weitergehen. Jeden Morgen das gleiche Theater!“, sagte der Vater und verschwand wieder hinter seiner Zeitung.

Nach dem Frühstück holte Walter sein Fahrrad aus der Garage, klemmte die Schultasche auf den Gepäckträger und fuhr los.

Auf halbem Weg zur Schule führte die Straße ziemlich steil bergauf.

Walter sah sich um: Keiner aus seiner Klasse war zu sehen. Er stieg ab und schob das Rad.

Als er die Steigung schon fast hinter sich hatte, wurde er von Botho und Roland überholt. Natürlich waren sie nicht abgestiegen, das hätte er sich schon denken können. Sie traten heftig atmend in die Pedale und fuhren rasch an ihm vorbei.

Botho drehte sich zurück und schrie: „Walter, lahme Ente!“

Walter hörte noch, wie Roland zu Botho hinüberrief: „Der schiebt sein Rad wie ein Baby. Schafft es nicht, das kleine Berglein hochzufahren.“

Lachend fuhren Botho und Roland weiter.

Walter rief ihnen nach: „Ihr habt ja auch eine Zehngangschaltung! Mein Rad hat gerade mal drei Gänge.“

Als er oben angekommen war, schwang er sich wieder in den Sattel, trat hastig in die Pedale und versuchte die zwei einzuholen. Aber Botho und Roland waren schon zu weit voraus.

Der Rennleiter wandte sich an seinen Assistenten. „Ich weiß nicht, wie dieser Walter das schafft“, flüsterte er ihm zu. „Hat nur eine Dreigangschaltung und führt trotzdem das ganze Feld an.“

Der Assistent nickte. „Wie es aussieht, wird er auch die Berg-Etappe gewinnen“, sagte er. „Der Gesamtsieg ist ihm nicht mehr zu nehmen. Die Presse wird jubeln. Endlich mal ein deutscher Sieger bei der Radrundfahrt.“

Walter, der Radrennprofi, hatte Mühe, sich einen Weg durch die jubelnde Menge zu bahnen. Näher und näher drängten die begeisterten Zuschauer, die links und rechts die Straße säumten. „Walter! Walter!“, feuerten sie ihn an. „Wal-ter! Wal-ter!“

Walter winkte lässig zurück. Er konnte sich Zeit lassen. Der Abstand zu Leon Sevilla, seinem hartnäckigsten Verfolger, betrug immerhin acht Minuten. Der Sieg war Walter nicht mehr zu nehmen. Da war auch schon das Ziel!

Unter dem brausenden Jubel seiner Fans riss Walter die Arme hoch und überquerte die Ziellinie.

„He, pass auf! Beinahe hättest du mich über den Haufen gefahren!“, schrie der Hausmeister. „Und nimm die Hände an die Lenkstange!“

„Entschuldigung“, murmelte Walter und schob sein Rad in den Fahrradständer.

In der ersten Stunde hatten sie Musik. Frau Bütow teilte die Orff'schen Instrumente aus, Walter schlug den Takt auf der Handtrommel und sang dabei zusammen mit Karin und Roland das Lied von den drei Matrosen.

Zu Beginn der nächsten Stunde prüfte Herr Müller-Klessheim, der Mathelehrer, die Hausaufgaben. Er ging von Tisch zu Tisch und ließ sich die Hefte zeigen.

Walter kramte in seiner Schultasche und stellte fest, dass er zwar sein Mathebuch dabeihatte, nicht aber das Matheheft. Das lag wohl immer noch in seinem Zimmer auf dem Tisch.

Walter meldete sich.

„Ja, was gibt's?“, fragte Herr Müller-Klessheim.

„Ich hab mein Heft zu Hause vergessen“, sagte Walter.

„Du wolltest sagen, dass du wieder mal vergessen hast, deine Hausaufgaben zu machen“, korrigierte ihn Herr Müller-Klessheim.

„Ich hab sie gemacht. Ehrlich!“, versicherte Walter.

„Dann fällt es dir ja bestimmt leicht, die Aufgaben noch mal an der Tafel zu lösen“, sagte der Lehrer, drückte ihm den Tafelmarker in die Hand und begann zu diktieren.

Walter hatte die Aufgaben wirklich zu Hause gemacht und sie waren ihm nicht einmal besonders schwierig vorgekommen. Aber während er nun die Zahlen und Zeichen an die weiße Tafel schrieb, kam es ihm immer mehr so vor, als würde man ihm eine unlösbare Aufgabe in einer unbekannten Rechenart diktieren. Alles sah so groß und unübersichtlich aus.

„Nun?“, fragte Herr Müller-Klessheim. „Wir warten.“

Walter trat einen halben Schritt zurück, um einen besseren Überblick zu bekommen, und schrieb dann zögernd die erste Zahl an die Tafel.

„Könntest du der Klasse mitteilen, was du da rechnest?“, fragte Herr Müller-Klessheim. Er lehnte mit verschränkten Armen an der hinteren Wand des Klassenzimmers. „Wie kommst du auf 74?“

„Sieben mal neun plus vier“, antwortete Walter.

„Und wie viel ist deiner Meinung nach sieben mal neun?“, fragte Herr Müller-Klessheim.

Luisa, die neben ihrer Schwester in der ersten Reihe saß, gab Walter ein Zeichen und flüsterte: „Drei-und-sechzig!“

„Dreiundsechzig“, wiederholte Walter laut.

Herr Müller-Klessheim eilte nach vorne.

„Wer hat da vorgesagt?“, fragte er.

Luisa meldete sich. „Ich“, sagte sie leise.

„Gut, dann macht jetzt Rebekka weiter, wenn sie das so gut kann“, sagte Herr Müller-Klessheim. „Und Walter setzt sich auf seinen Platz. Wird ja sowieso nichts mit seiner Rechnerei.“

„Ich bin nicht Rebekka. Ich bin Luisa“, sagte Luisa, während sie zur Tafel ging.

„Seit ihr es neuerdings beide vorzieht, euch blau anzuziehen, kann man euch überhaupt nicht mehr auseinander halten“, sagte Herr Müller-Klessheim. „Früher wusste man wenigstens: Luisa ist die Rote, Rebekka die Blaue. Vielleicht sollte ich euch sowieso auseinander setzen, damit man euch nicht ständig verwechselt.“

„Wieso? Ist doch ganz einfach: Ich sitze rechts und Luisa sitzt links", sagte Rebekka. Leise fügte sie hinzu: „Wenigstens meistens."

Während Walter zu seinem Platz ging, holte Herr Müller-Klessheim das kleine schwarze Büchlein heraus, in dem er die mündlichen Noten notierte, und machte einen Eintrag.

Nach Schulschluss schaute sich Walter nach Luisa um. Sie ging zusammen mit Christine den Bürgersteig entlang. Er blieb neben dem Fahrradständer stehen und wartete, bis die meisten aus seiner Klasse gegangen waren, dann schwang er sich aufs Rad und fuhr langsam hinter Luisa her. Als er auf gleicher Höhe war, beugte er sich zu ihr hinüber und sagte: „Es tut mir Leid, Luisa, dass du wegen mir an die Tafel musstest."

Die beiden Mädchen lachten. Walter schaute sie ratlos an. Schließlich sagte das Mädchen, das er angesprochen hatte: „Ich bin nicht Luisa, ich bin Rebekka. Meine Schwester ist schon zusammen mit Anne nach Hause gegangen."

„Ach so", sagte Walter. Dass man die beiden Zwillingsschwestern auch nie auseinander halten konnte!

Christine sagte: „Du hast einen komischen Namen."

„Ich? Wieso?", fragte Walter.

„In der ganzen Schule heißt keiner Walter außer dir", sagte Christine. „Er klingt irgendwie unmodern."

„Wie von ganz früher", sagte Rebekka. „Wie dieser Sänger, von dem Frau Bütow mal erzählt hat."

„Du meinst Walther von der Vogelweide", sagte Walter.

„Das war kein Sänger, sondern ein sehr tapferer Ritter."

Er trat in die Pedale und fuhr los, weg von den beiden Mädchen, ohne sich noch einmal umzudrehen.

Ritter Walter von Stolzenburg gab seinem Pferd die Sporen. Das Ross galoppierte wie ein Sturmwind über die trockene Erde, der Luftstrom fuhr durch Ritter Walters Haare. Vor ihm lag der Turnierplatz, auf dem der Zweikampf ausgetragen werden sollte. Eine Menge gewöhnlichen Volks hatte sich vor der Tribüne versammelt. Ganz oben saß die Prinzessin mit ihrem Vater, dem König. Ritter Walter ritt in das abgegrenzte Viereck und verneigte sich tief vor dem König und seiner Tochter. Die Menge jubelte ihm zu.

Sein Gegner, der gefürchtete Raubgraf Müller von Klessenheim, wartete bereits auf ihn. Er hatte die Arme über der Brust verschränkt und blickte ihm spöttisch entgegen, im Bewusstsein seines sicheren Sieges. Außer mit einer Lanze war er noch mit Pfeil und Bogen, einem großen Schwert und zwei Streitäxten bewaffnet. Seine eiserne Rüstung war auf Hochglanz poliert und glitzerte in der Sonne. So stark, dass Ritter Walter fast geblendet wurde. Als der Raubgraf seinen Gegner heranreiten sah, schloss er das Visier seines Helms und ritt langsam los, Ritter Walter entgegen.

„Wie will der junge Ritter gegen diesen Wüstling bestehen?", fragte die Prinzessin angstvoll ihren Vater. „Er hat nur ein Schwert. Nicht einmal eine Rüstung."

„Warte es ab", flüsterte der König ihr zu. „Es ist keine gewöhnliche Waffe, die Ritter Walter in seiner Rechten trägt. Es ist Calibur, das Laserschwert, das Eisen und sogar Stein zu durchdringen vermag."

Raubgraf Müller von Klessenheim stürmte seinem Gegner entgegen, die Lanze waagrecht nach vorn gerichtet, bereit zum tödlichen Stoß.

Die Menge schrie auf, als die beiden aufeinander trafen. Ritter Walter hatte mit einer geschickten Wendung sein Pferd nach links gerissen und war so dem tödlichen Stoß der Lanze ausgewichen.

Ein Autofahrer bremste mit quietschenden Reifen, kurbelte die Seitenscheibe herunter und schrie: „He, pass doch auf, Junge! Beinahe hätte ich dich überfahren. Du kannst nicht einfach einen Bogen fahren, ohne ein Zeichen zu geben!"

Walter fuhr schnell in eine Seitenstraße hinein und tat so, als hätte das Schimpfen nicht ihm gegolten.

Ritter Müller von Klessenheim hatte sein Pferd schon zum Stehen gebracht, wendete es jetzt und ritt ein zweites Mal auf Ritter Walter zu, die Lanze gefährlich weit nach vorne gestreckt.

Wieder wich Ritter Walter geschickt aus. Aber diesmal machte er von seinem Schwert Gebrauch. Im Vorbeireiten führte er mit der flachen Klinge einen heftigen Schlag gegen die Brust seines Gegners. Der Hieb war so stark, dass

Müller von Klessenheim rücklings vom Pferd auf den harten Boden stürzte. Da lag er nun in seiner schweren Rüstung, vergeblich strampelnd wie ein Käfer, der auf den Rücken gefallen war und nicht mehr aufkam.

Ritter Walter stieg vom Pferd, das Schwert Calibur in der Rechten, und näherte sich seinem hilflosen Gegner.

„Töte ihn! Töte ihn!", schrie das Volk.

Ritter Walter hob das Schwert.

„Töte ihn!" Das Schreien wurde noch lauter.

Ritter Walter senkte die Waffe, verneigte sich vor der Prinzessin, sagte stolz: „Der Edle entsagt der Rache. Ich begnadige ihn."

Damit saß er wieder auf, wendete sein Pferd und ritt vom Turnierplatz, zurück zu seiner Burg, stieg vom Pferd und stellte es vor dem Tor ab.

„Walters Rad steht schon wieder vor der Tür", sagte Walters Vater, der kurz nach ihm nach Hause gekommen war. Er war ärgerlich. „Wie oft muss man ihm noch sagen, dass er es in die Garage stellen soll! Es war nicht einmal abgeschlossen. Ich warte auf den Tag, wo er zu mir kommt und sagt: Mein Rad ist geklaut. Er soll nur nicht denken, dass wir ihm dann ein neues kaufen."

Walter ging hinaus, schob das Rad in die Garage und knallte die Garagentür zu.

Das Mittagessen verlief schweigsam. Als Vater wieder zu seiner Arbeit ins Finanzamt gegangen war, stieg Walter die Treppe hoch in sein Zimmer, setzte sich vor den

Computer und spielte den letzten Level von „Invasion der Weltraum-Snapper". Er war gerade dabei, die Erde ein für alle Mal vor einem Angriff der Außerirdischen zu retten, da kam seine Mutter ins Kinderzimmer.

„Du sitzt ja schon wieder vor dem Bildschirm", sagte sie. „Was habt ihr denn auf?"

„Nichts", sagte Walter. Er starrte dabei auf den Monitor, weil er gerade den Angriff der schwarzen Schlangenkriegerin mit dem Laserschwert abwehren musste.

„Nichts? Das kann nicht sein", sagte seine Mutter. „Ihr habt immer etwas auf."

„Nur ein bisschen Mathe. Höchstens eine halbe Seite", sagte Walter. Nun kam der Schlangenkriegerin auch noch ein gepanzerter Mars-Roboter zu Hilfe. Eine bedrohliche Situation.

„Jetzt machst du sofort den Computer aus!", befahl seine Mutter, bückte sich zum Gerät hinunter und schaltete es einfach ab.

„Was machst du!", rief Walter. „Ich hab nicht mal den Spielstand gespeichert. Du kannst doch nicht einfach abschalten."

„Doch, das kann ich", sagte seine Mutter. „Und ich kann auch verhindern, dass du heimlich weiterspielst, sobald ich draußen bin. Jetzt machst du nämlich erst mal deine Hausaufgaben."

Sie zog das Kabel aus der Steckdose, das andere Ende aus dem Computer und nahm das Kabel mit sich nach unten.

Walter saß den ganzen Nachmittag missmutig an seinem Schreibtisch und zeichnete Schwertkämpfer und Bogenschützen auf die Innenseiten seines Matheheftes. Als sein Vater von der Arbeit kam, bevölkerte eine ganze Armee alle freien Flächen von Walters Heft. Die Hausaufgaben hatte er immer noch nicht gemacht.

Beim Abendbrot fragte Walters Vater die Mutter: „Hat Walter denn seine Hausaufgaben gemacht?“

„Frag ihn doch selbst. Er sitzt neben dir“, antwortete Mutter.

Der Vater nickte Walter auffordernd zu.

„Klar hab ich sie gemacht“, log Walter, schob sich

schnell ein großes Stück Honigbrot in den Mund und kaute heftig um zu zeigen, dass er weitere Fragen leider nicht beantworten konnte. Denn mit vollem Mund soll man ja nicht sprechen.

Eine kurze Weile sah ihm der Vater kopfschüttelnd zu. Dann aß auch er weiter, ohne noch mehr Fragen zu stellen.

Später am Abend, als Walter schon im Bett lag, kam seine Mutter zu ihm ins Zimmer.

„Hast du diesmal deine Schulsachen gepackt?", fragte sie.

„Das mach ich morgen früh", sagte Walter.

„Du lernst es wohl nie", sagte sie und setzte sich neben ihn auf die Bettkante. „Warum bist du nur so schusselig? Und so geistesabwesend. Manchmal weiß man gar nicht, ob du überhaupt zuhörst, wenn man mit dir spricht."

Walter zuckte die Achseln. Was hätte er auch antworten sollen.

„Gute Nacht. Schlaf gut", sagte seine Mutter, stand auf und knipste im Hinausgehen das Licht aus.

„Gute Nacht", sagte Walter.

Commander Walter, der Kapitän der Raumflotte, versammelte die Bordmannschaft um sich.

„Da es einige von der Crew wohl immer noch nicht begriffen haben, erkläre ich es jetzt zum zweiten Mal", sagte er. „Obwohl Doktor Luisa es eigentlich sehr anschaulich und exakt geschildert hat."

Commander Walter nickte der Schiffsärztin zu. Sie errötete vor Stolz.

„Wir sind nahezu mit Lichtgeschwindigkeit unterwegs. Trotzdem wird unsere Fahrt zum Sirius mehrere Jahre dauern. Keiner von uns würde das ewige tägliche Einerlei auf dem engen Raumschiff aushalten. Tag für Tag, Woche für Woche die gleichen, langweiligen Aufgaben. Ihr versteht?" Commander Walter blickte in die Runde. Die meisten aus der Mannschaft nickten. „Deswegen versetzen wir uns alle in einen Kälteschlaf. Die automatische Steuerung wird uns sicher zum Ziel bringen."

Der Zweite Offizier meldete sich. „Und wer weckt uns auf, wenn wir in die Umlaufbahn des Sirius eintreten?", fragte er.

Commander Walter wandte sich an die Schiffsärztin. „Erklären Sie es, Doktor Luisa", sagte er.

Doktor Luisa rückte ihre runde Brille zurecht. „Nicht nur die Steuerung funktioniert automatisch, sondern auch die Weckvorrichtung, die Commander Walter auf die berechnete Zeit eingestellt hat", sagte sie. „Sie alle werden rechtzeitig aus dem Schlaf geholt. Ich versichere es Ihnen. Und nun nehmen Sie bitte Ihre Plätze in den Schlafbehältern ein!"

Commander Walter legte sich als Letzter der Mannschaft in den sargähnlichen Plastikbehälter. Es gab ein pfeifendes Geräusch, als sich die durchsichtige Plastikhaube über ihm schloss. Es war nun finster im Raumschiff, man musste Energie sparen.

Neben sich im Dunkel erkannte er die matt leuchtenden roten Zahlen der Zielzeiteinstellung: „6:45“.

In sechs Jahren und fünfundvierzig Tagen würde ihn der Apparat durch ein immer lauter werdendes Piep-Geräusch aus dem Schlaf wecken. Eine lange Zeit!

Commander Walter lag auf dem Rücken und starrte ins Dunkel. Er fühlte die wachsende Kälte, die ihn in den Tiefschlaf versetzen sollte. Er drehte sich auf die linke Seite, nach einer Weile auf die rechte. Dann schlief er endlich ein.

Luisas Tagebuch

Donnerstag, 21. Mai, abends:

Heute ist mein Geburtstag. Genauer gesagt: Heute ist unser Geburtstag.

Ich finde es komisch, dass Eltern immer meinen, sie müssen Zwillingen das Gleiche zum Geburtstag schenken, weil eine sonst beleidigt ist und denkt, die andere hat vielleicht was viel Besseres gekriegt. Dass sie uns beiden das Buch „Schülerwitze, Band 1" geschenkt haben, finde ich wirklich übertrieben. Sie hätten Rebekka ruhig Band 2 schenken dürfen, auch wenn der vielleicht zehn Seiten mehr hat. Ich wäre bestimmt nicht beleidigt gewesen. Gefreut habe ich mich über das rote T-Shirt und das Tagebuch. Der Unterschied zwischen meinem Tagebuch und dem von Rebekka ist der, dass ich ein rotes gekriegt habe und Rebekka ein blaues. Rebekka hat gleich zu mir gesagt, sie braucht kein Tagebuch, sie kann sich auch so alles merken. Sie bietet es im Internet zum Verkauf an und von dem Geld kauft sie sich ein farbiges Haarspray.

Ich finde es schön, ein Tagebuch zu haben, man kann Sachen reinschreiben, die man sonst niemandem erzählt, nicht mal seiner Zwillingsschwester. Schon gar nicht seinen Eltern. Dazu muss ein Tagebuch ein Schloss haben, wie meines. Den Schlüssel verstecke ich in einem großen Schneckenhaus in der Schneckenhausschachtel, die mir Rebekka eigentlich schenken wollte und die ich mir dann selbst gekauft habe. Da schaut Rebekka sowieso nie rein, weil sie sich nur für ihre Knopfsammlung interessiert.

Ich ärgere mich jetzt noch, dass das im Laden bei Frau Davidoff so dumm gelaufen ist. Ich hätte eigentlich gleich draufkommen können, dass sie mich mit Rebekka verwechselt. Aber das ist bei mir immer so. Wenn jemand wütend ist und laut mit mir spricht, kann ich einfach

nicht mehr richtig denken. Ich wollte, ich wäre wie Rebekka. Die hätte sich das nicht gefallen lassen. Sie hat auch nur fünf Euro für ihre Dose bezahlen müssen. Hat sie jedenfalls behauptet. Typisch Rebekka, wenn das stimmt! Ich habe zehn bezahlt.

In der Schule hat Rebekka dann gleich, als wir reinkamen, erzählt, dass wir beide heute Geburtstag haben. Frau Bütow hat die Klasse aufgefordert, „Zum Geburtstag viel Glück“ zu singen. Alle sind aufgestanden, haben gesungen und uns dabei angestarrt. Mir war das ziemlich peinlich, ich hab nicht gewusst, ob ich jetzt auch aufstehen soll. Rebekka ist sitzen geblieben. Also bin ich auch sitzen geblieben. Dann hab ich Walter gesehen. Walter ist nämlich zu spät gekommen. Er hat wohl überlegt, ob er zu seinem Platz schleichen oder an der Tür bleiben soll, bis das Lied fertig ist. Wahrscheinlich hat er gar nicht gewusst, für wen gesungen wird. Er ist dann neben der Tür stehen geblieben und hat mitgesungen. Ich musste grinsen, da hat er zurückgegrinst und die Schultern gezuckt. Als das Lied fertig war, hat er zu Frau Bütow gesagt, sein Vater hat einen Schwächeanfall gekriegt, deshalb ist er so spät dran. Frau Bütow hat gefragt, ob sie einen Arzt geholt haben. Walter hat gesagt: „War nicht nötig, es geht ihm schon wieder besser.“ Dann ist er zu seinem Platz gegangen. Sein Hausaufgabenheft hatte er vergessen, wegen der Aufregung. Kann man ja verstehen. Wenn Papa plötzlich umkippen und mit dem Gesicht ins Müsli fallen würde, wäre ich auch aufgeregt.

Freitag, 22. Mai:

Walter ist heute wieder zu spät gekommen. Er hat behauptet, die Kette von seinem Fahrrad sei abgesprungen. Aber er hat gar keine schmutzigen Finger gehabt, wie man sie immer kriegt, wenn man die ölige Kette wieder aufspannt. Ich hab's genau gesehn. Ich hab auch gleich gesehn, dass er heute eine andere Frisur hat. Er war gestern Nachmittag wohl beim Friseur. Die Haare stehn vorne jetzt so hoch. Der Müller-Klessheim hat gesagt, wenn Walter noch mal zu spät kommt, gibt's nicht nur einen Eintrag ins Klassenbuch, sondern auch eine Mitteilung an die Eltern.

In der Pause hat Rebekka den anderen aus der Klasse ein paar von den Witzen aus „Schülerwitze, Band 1" erzählt. Es ist komisch mit mir, ich kann mir keinen einzigen merken, obwohl ich doch auch das Buch durchgelesen und dabei gelacht habe. Nur wenn jemand dann anfängt, einen dieser Witze zu erzählen, fällt er mir sofort wieder ein und ich kann gar nicht sehr lachen, weil ich ja schon weiß, was am Schluss kommt. Alle aus der Klasse haben laut gelacht, nur ich nicht. Botho hat zu mir gesagt: „Du findest die Witze wohl nicht komisch, was? Fräulein Luisa ist zu vornehm für Witze!" Ich hätte antworten sollen: „Die Witze nicht, aber *dich* finde ich komisch." Aber das ist mir leider erst später eingefallen, da war ich schon weggegangen von den anderen. Walter hat auch nicht über die Witze gelacht. Aber ich glaube, er hat an was ganz anderes gedacht und gar nicht zugehört. Botho macht sich manchmal auch über Walter lustig. Botho ist wirklich der Gemeinste aus unserer Klasse. Mich nennt er oft „Brillenschlange". Zu Rebekka ist er nie so gemein. Ich weiß auch nicht, warum. Dabei hat sie doch auch eine Brille.

Sonntag, 24. Mai:

Nichts Besonderes. Rebekka und ich waren am Wochenende bei Christine. Sie ist eigentlich mehr die Freundin von Rebekka. Wir haben Monopoly gespielt. Christines kleine Schwester Hanna hat fürchterlich genervt. Sie wollte auch mitspielen, dabei hat sie keine Ahnung von den Spielregeln. Christines Mutter hat gesagt: „Lasst die Kleine doch mitmachen." Christine hat ihr schon Spielsteine geben wollen, da hat Rebekka gesagt: „Wir sind mitten im Spiel und mir gehört schon die ganze Schlossallee. Wenn Hanna mitspielt, höre ich auf." Ich fand das gut von Rebekka und habe gesagt: „Dann höre ich auch auf." Christines Mutter hat ganz verdutzt geguckt und hat dann zu Hanna gesagt: „Komm mit mir in die Küche, Hanna. Du darfst mir beim Kuchenbacken helfen." Dann sind beide hinausgegangen und wir haben weitergespielt. Christine hat zu uns gesagt: „Ihr müsst öfter mal kommen."

Montag, 25. Mai:

Heute ging es um Heftschoner und welche Farbe man für welches Heft nimmt. Walter hat gesagt: „Rot ist nicht gerade meine Lieblingsfarbe. Ich mag lieber Blau." Ich weiß nicht, ob er dabei Rebekka angeschaut hat. Aber ich denke, er hat sie gemeint und wollte sagen, dass er Rebekka besser leiden kann als mich in meinem roten T-Shirt und der roten Hose. Ich hab mir nichts anmerken lassen und bin aufs Klo gegangen. Dort habe ich geweint. Aber nur ganz kurz. Rebekka hat nichts mitgekriegt.

Am Nachmittag hab ich dann Rebekka gefragt, ob sie mir einen von ihren dünnen blauen Pullis ausleiht, für morgen. Sie hat gefragt: „Echt? Seit wann magst du Blau?" Ich hab gesagt, mein Geschmack würde sich gerade ändern, vielleicht liege das an der Pubertät. Rebekka hat einen Lachanfall gekriegt, ist durch die Wohnung gerast und hat geschrien: „Vorsicht, Luisa hat Pubertät! Äußerst ansteckend!"

Ich hab mich geärgert, musste aber gleichzeitig lachen.

Später hat sie mir dann freiwillig einen blauen Pulli gegeben, ohne dass sie dafür was von meinen Sachen verlangt hat. Ich war ganz überrascht und hab mich bei ihr bedankt. Dann habe ich gemerkt, dass es der Pulli ist, den Mama schon in den Sack für die Altkleidersammlung gesteckt hatte, weil er am rechten Ärmel ganz ausgefranst ist. Aber wenn man den Ärmel ein paarmal umschlägt, sieht man es nicht mehr.

Donnerstag, 28. Mai:

Ich bin sauer auf Walter, richtig stinkesauer. Das Doofe ist, dass er es nicht weiß und bestimmt gar nicht merkt. Heute musste er beim Müller-Klessheim an die Tafel und rechnen, weil er wieder die Hausaufgaben vergessen hat.

Ich hab ihm vorgesagt und musste dann selber an die Tafel, zur Strafe. Ich hätte gedacht, dass Walter wenigstens „Danke" zu mir sagt oder dass es ihm Leid tut. Aber er hat kein Wort gesagt. Auf dem Heimweg mit Anne hab ich mich nach ihm umgeschaut. Anne hat gefragt: „Was guckst du denn immer? Gibt's dahinten was zu sehn?" Ich hab gesagt: „Ich gucke, wo meine Schwester bleibt." Anne hat gesagt: „Dahinten steht sie doch mit Christine und Walter." Ich hab gesagt: „Ach, da steht sie ja." Dabei hab ich Walter zugeschaut, wie er sich mit Rebekka und Christine unterhalten hat. Sie haben zusammen gelacht. Wahrscheinlich hat ihm Rebekka einen ihrer Witze erzählt und er fand das toll. Dann ist er losgefahren und mit seinem Fahrrad beinahe in ein Auto gerast und der Fahrer hat mit ihm geschimpft. Mich hat er gar nicht beachtet. Ich werde ihm morgen zeigen, dass er bei mir unten durch ist. Kein Wort werde ich mit ihm reden. Nicht ein einziges! Ich weiß schon, was Rebekka dazu sagen würde, wenn sie das hier lesen könnte: „Das wird dir bestimmt nicht schwer fallen, weil du ja sowieso nie mit ihm redest."

Freitag, 29. Mai:

Heute in der Pause kam Walter auf mich zu und hat gesagt: „Du, Luisa ..." Ich hab an meinen Vorsatz gedacht, hab mich umgedreht und ihn stehen lassen. Als ich schon weg war, ist mir aufgefallen, wie traurig er geguckt hat, als ich gegangen bin. Ich wollte schon zurück und ihn fragen, was er mir sagen will. Da habe ich gesehn, wie er mit

Rebekka geredet hat. Ich bin zu Anne und hab mich mit ihr unterhalten und nicht mehr zu Rebekka und Walter geguckt.

Nach der Schule habe ich Rebekka gefragt, was sie denn mit Walter gesprochen hat. Sie hat gelacht und gesagt: „Kleine Schwestern müssen nicht alles wissen." Ich finde das so was von affig von ihr. Kleine Schwester! Nur weil sie eine Viertelstunde älter ist als ich. Ich hab ihr auch gesagt, wie doof ich das finde, dass sie sich so aufspielt, und hab den ganzen Nachmittag kein Wort mit ihr geredet. Abends ist sie dann gekommen und hat gefragt, ob ich ihr helfe, eine blaue Strähne in ihr Haar zu färben, das kann sie nämlich nicht allein. Ich hab links an ihr vorbeigeschaut, nicht geantwortet und so getan, als sei sie nicht da. Da hat sie gesäuselt, dass ich doch nicht mehr beleidigt sein soll und dass sie mir auch erzählt, was Walter heute Morgen mit ihr gesprochen hat, wenn ich ihr bei der Frisur helfe. Ich hab gefragt: „Ehrenwort?", und sie hat genickt. Wir sind ins Bad und ich habe ihr die blaue Strähne gemacht. Papa ist dazugekommen und war ganz entsetzt. Er findet blaue Haare scheußlich. Als er wieder draußen war, habe ich gefragt: „Also, was habt ihr geredet, du und Walter?" Rebekka hat gesagt: „Wir haben gar nicht viel gesprochen. Er hat nur gefragt, ob du sauer auf ihn bist, weil du nicht mehr mit ihm redest und er dir doch gar nichts getan hat." Ich habe Rebekka gefragt: „Und was hast du gesagt?" Sie hat geantwortet: „Ich hab gesagt, dass du unheimlich sauer bist, weil du beim Müller-Klessheim wegen ihm an die Tafel musstest, und dass ich das verstehen kann. Ich würde auch nicht mehr mit ihm sprechen, wenn mich der Müller-Klessheim wegen ihm rausholen würde."

Ich hab gesagt: „Aber das stimmt doch gar nicht, das weißt du ganz genau. Das hast du nur zu ihm gesagt, damit er nicht mehr mit mir spricht und nur noch mit dir."

Rebekka hat den Kopf geschüttelt und gesagt, ich sei manchmal ganz schön schwierig und ich könnte ruhig stundenlang mit ihm reden, wegen ihr sogar tagelang, ohne dass sie deswegen gleich Depressionen kriegt und in die Klinik muss wie Bothos Mutter.

Ich weiß nicht, ob Rebekka das nur so sagt, damit ich nicht mehr beleidigt bin, oder ob sie es wirklich meint.

Montag, 2. Juni:

Heute in der Schule hab ich Walter angelächelt, damit er merkt, dass ich nicht böse auf ihn bin. Erst hat er nur erstaunt geguckt, dann hat er zurückgelächelt. Geredet haben wir aber immer noch nicht miteinander. Sonst gab es nichts Besonderes.

Mittwoch, 4. Juni:

Ich bin schon wieder so was von sauer! Ich könnte Rebekka auf den Vollmond schießen oder den Vampiren zum Biss anbieten! Dabei kann sie gar nichts dazu. Aber trotzdem! Es ist wieder mal so doof gelaufen, ich hab immer noch eine solche Wut!

Heute in der Stunde hat Frau Bütow gesagt, sie will mit uns und ein paar Schülern aus der 6a „Die Bremer Stadtmusikanten“ als Musical aufführen. Sie übt mit uns das Spiel ein und den Gesang. Die Musik dazu kommt vom Band, aber sie begleitet uns am Klavier.

Dann hat sie erklärt, dass ein Teil der Schüler die Tiere und die Räuber spielt, das sind dann die „Spielschüler“, und ein Teil malt die Kulissen und das Bühnenbild, das wären die „Malschüler“. Sie hat gefragt, wer sich wofür melden möchte. Walter hat sich als Malschüler gemeldet, deswegen hab ich auch gleich gesagt, ich will zu den Malschülern, bin nach vorne und hab mich neben ihn gestellt. Die Malschüler sollten sich nämlich vorne links aufstellen, die Spielschüler rechts, damit Frau Bütow den besseren Überblick hat. Fast alle wollten malen, weil sie sich nicht zugetraut haben, eine Rolle zu spielen. Anne kam auch zu unserer Gruppe und hat mir zugeflüstert: „Ich stell's mir schrecklich vor, da oben auf der Bühne zu stehen und zu singen, und unten sitzen die Lehrer und die Eltern und schauen zu.“

Die Einzige, die sich sofort als Spielerin gemeldet hat, war Rebekka.

Frau Bütow hat gesagt: „Das darf doch nicht wahr sein! Nur eine von euch will spielen? Dann bestimme ich jetzt, wer welche Rolle spielt. Walter hat eine so schöne Stimme, der spielt den Esel.“

Walter ist hinübergegangen und hat sich neben Rebekka gestellt.

Frau Bütow hat dann gesagt: „Rebekka kann den Hund spielen. Karin, willst du nicht die Katze sein?"

Karin hat die Schultern gezuckt und auf den Boden geguckt. Frau Bütow hat ihr den Arm um die Schulter gelegt und sie zu Rebekka und Walter geschoben. Dabei hat sie gesagt: „Sei nicht so schüchtern! Ich weiß doch, dass du sehr schön singen kannst." Dann hat sie noch bestimmt, dass Roland den Hahn spielt. Die Jungen aus der 6a sind die Räuber.

Und jetzt ist es so: Rebekka spielt und probiert zusammen mit Walter, und ich muss mit umweltverträglichen Leimfarben den Tannenwald hinter dem Räuberhaus malen! So eine Ungerechtigkeit!

Freitag, 13. Juni:

Freitag der Dreizehnte soll ja angeblich ein Unglückstag sein. Ich finde, in letzter Zeit sind die meisten Tage irgendwie Unglückstage. Rebekka und ich waren jetzt schon ein paar Nachmittage in der Schule wegen der Stadtmusikanten. Wir sind dann immer in der Sporthalle, dort stehen die Kulissen rum, die ich anmalen muss, während Rebekka spielt. Ab und zu gucke ich nach vorn zur Bühne, wo sie zusammen mit Walter und Karin das Stück einübt. Roland ist krank. Das macht aber nichts, denn sie probieren erst den Anfang. Frau Bütow sitzt unten am Klavier und sagt den Text ein, weil sie ihn noch nicht können. Ich kann den ganzen Text schon auswendig, nur vom Zuhören. Besonders die Stelle, wo Walter Rebekka trifft und zu ihr sagt, sie soll mit ihm nach Bremen gehen. Wenn Walter Rebekka anguckt und sagt „Geh doch mit mir!“, denke ich immer, dass er das vielleicht ernst meint, also gar nicht im Stück, und dass er gern mit ihr gehen würde. Als er das zum ersten Mal zu ihr gesagt hat, habe ich nach vorne zur Bühne geguckt und dabei weitergestrichen. Da hat Anne neben mir gesagt: „He, Luisa, träumst du? Seit wann sind Tannenbäume dunkelbraun?“ Da habe ich erst gemerkt, dass ich aus Versehen die Zweige vom Tannenbaum braun anstreiche, weil noch die Farbe vom Stamm im Pinsel war.

Freitag, 20. Juni:

Jetzt sind sie bei der Stelle, wo die vier Stadtmusikanten übereinander zum Räuberhausfenster reingucken und die Räuber von der 6a aus dem Zimmer flüchten. Weil Walter der Esel ist, also der Unterste, muss sich Rebekka dabei auf seinen Rücken legen. Sie sagt, die Szene sei furchtbar anstrengend, weil sich doch die Katze und der Hahn, also Karin und Roland, auf ihrem Rücken abstützen. Mir würde das nichts ausmachen, ich würde die Szene trotzdem gern spielen.

Dienstag, 24. Juni:

Rebekka lügt! Als sie heute nach der Probe von der Bühne gegangen ist, hat sie einen kleinen Zettel in der Hand gehabt. Der Zettel war ein paarmal zusammengefaltet. Den hat ihr bestimmt Walter heimlich zugesteckt, weil er vor den anderen nicht mit ihr über so was reden will. Als sie sich umgezogen hatte und wir zusammen nach Hause gegangen sind, hab ich sie gefragt: „Verrätst du mir, was in deinem Liebesbriefchen steht?“

Sie hat unschuldig getan und gesagt: „Spinnst du? Was denn für ein Liebesbrief?“

Ich hab gesagt: „Lüg nicht. Ich hab's genau gesehn. Du hast ihn in der Hand gehabt, als du von der Bühne runter bist!“

„Ach das“, hat sie gesagt. „Das war ein Papiertaschentuch. Liebesbrief! Auf so eine blöde Idee kannst nur du kommen.“

Ich hab gedacht, vielleicht habe ich mich ja wirklich getäuscht, und nichts mehr dazu gesagt.

Aber am Nachmittag, als ich in unser Zimmer gekommen bin, hab ich sie erwischt. Es war eben doch kein Taschentuch! Sie hatte den Zettel nämlich gerade in der Hand und ihn gelesen. Sie hat ihn ganz schnell in ihre Tasche geschoben, als sie mich gesehen hat. Ich hab scheinheilig gefragt: „Darf ich bitte auch mal dieses Papiertaschentuch da haben, meine Nase läuft.“

Sie wurde ganz rot, was bei Rebekka selten vorkommt. Dann hat sie gesagt: „Ja, ja, ich geb's ja zu. Es ist ein Brief. Aber der ist ganz privat und nur für mich bestimmt.“ Dann ist sie schnell aus dem Zimmer gerannt.

Es ist also wahr, dass Rebekka lügt. Walter schreibt ihr Briefchen!

Montag, 30. Juni, abends:

Dies wird bestimmt das Längste, was ich bis jetzt in mein Buch geschrieben habe, und das Wichtigste und Schönste. Alles ist ganz anders! Ich weiß gar nicht, wo ich anfangen soll.

Am Samstag ist Rebekka krank geworden. Sommergrippe. Sie hat den ganzen Sonntag im Bett gelegen, wollte aber unbedingt am Montagnachmittag in die Probe gehen. Mama hat gesagt, mit 38 Fieber kann sie unmöglich in die Schule und Papa soll doch auch mal was dazu sagen. Papa hat dann gesagt, jetzt spricht er ein Machtwort und Rebekka bleibt zu Hause, bis sie kein Fieber mehr hat.

Heute Morgen hatte sie immer noch Fieber, deswegen bin ich allein in die Schule gegangen. Am Nachmittag hat Rebekka dann zu mir gesagt, ich soll sie bei der Probe entschuldigen. Ich hab gesagt: „Ich muss gar nicht zur Probe. Meine Tannenbäume sind schon alle angemalt."

Da hat Rebekka richtig gebettelt, dass ich doch bitte in die Turnhalle gehen und sagen soll, dass sie nicht kommen kann und wie sehr ihr das Leid tut. Ich soll das allen von ihr ausrichten, auch den Räubern aus der 6a. Erst wollte ich nicht. Dann hatte ich eine Idee. Ich habe Rebekka gesagt, sie kann sich auf mich verlassen.

Als sie auf dem Klo war, habe ich ihr Hundekostüm aus dem Schrank genommen und die Schminksachen, habe alles in meine Korbtasche gesteckt und bin schnell gegangen. In der Schule im Umkleideraum habe ich dann

meine Nase schwarz gemalt, wie es Rebekka immer gemacht hat, habe die Kappe mit den angenähten Hundeohren aufgesetzt und das Hundekostüm angezogen. Dann bin ich auf die Bühne. Keiner hat etwas gemerkt, obwohl ich vergessen hatte, die Brille abzunehmen. Die hab ich dann bei Frau Bütow aufs Klavier gelegt.

Bei der Stelle, wo ich singe „Ich bin ein armer, alter Hund und hab zum Klagen allen Grund. Mein Herr will mir das Leben nehmen“ und Walter meine Hand nimmt und antwortet „Geh doch mit mir, komm mit nach Bremen“, hat Frau Bütow unterbrochen. Sie hat gerufen: „Sehr gut, Rebekka! Heute hast du zum ersten Mal bei ‚allen Grund‘ die Töne richtig getroffen. Weiter so!“

Ich hab mich gefreut und Walters Hand gar nicht losgelassen. Dann ist mir eingefallen, dass er ja denkt, er hält die Hand von Rebekka, und habe sie schnell weggezogen.

Nach uns waren erst mal die von der 6a dran mit dem Lied „Wir sitzen hier im Räuberhaus und halten unsren Räuberschmaus“.

Ich hab mich neben Walter auf die Bank gesetzt und hab den Räubern zugehört. Der eine hat beim Singen immer zu mir hergeguckt. Ich hab Walter zugeflüstert: „Ist was mit meinem Kostüm nicht in Ordnung? Warum guckt der immer so doof?“

Walter hat gefragt, wer angeblich doof gucken würde. Ich hab unauffällig auf den Räuber gedeutet, und Walter hat gesagt: „Das ist Mirko. Der guckt wie immer und dein Kostüm ist auch wie immer.“

Danach haben wir eine Weile nicht gesprochen.

Später waren wir dran mit dem Räuberhausfenster. Ich fand es überhaupt nicht anstrengend. Ich weiß gar nicht, was Rebekka immer hat. Walter hat sogar gesagt, heute sei ich ja richtig sanft und würde ihm meine Ellbogen nicht so in den Rücken rammen wie sonst.

Danach saßen wir wieder auf der Bank und haben gewartet, bis Frau Bütow Kritik macht. Da hab ich’s gewagt und hab Walter einfach so gefragt: „Wie findest du eigentlich meine Schwester?“

Walter hat mich groß angeguckt und gefragt: „Weshalb willst du das denn wissen?“

Ich hab gesagt: „Interessiert mich eben.“

Er hat eine Weile nachgedacht.

Ich hab schon gemeint, er gibt mir keine Antwort, dann hat er gesagt: „Ich finde Luisa nett. Aber sie kann mich wohl nicht leiden.“

Ich hab so laut „Wie kommst du denn auf so eine blöde Idee!“ gerufen, dass Frau Bütow vorwurfsvoll zu uns hinübergeschaut hat.

Walter hat leise geantwortet: „Sie redet nie mit mir. Wahrscheinlich ist sie immer noch sauer, weil sie damals wegen mir an die Tafel musste. Dabei ist das schon vier Wochen her.“

Ich hab gesagt: „Das stimmt ja gar nicht, dass sie auf dich sauer ist.“

Walter hat gefragt: „Woher weißt du das?“

Ich hab geantwortet: „Sie hat es mir erzählt. Luisa findet dich übrigens auch nett.“

„Ehrlich? Und warum spricht sie dann nicht mit mir?“, hat Walter gefragt.

Ich hab zurückgeflüstert: „Vielleicht wartet sie darauf, dass du sie ansprichst.“

„Ich?“, hat Walter gefragt.

„Ja. Meine Schwester ist nämlich ziemlich schüchtern“, hab ich gesagt.

„Na ja, schüchtern bin ich auch", hat Walter zugegeben.

Ich hab gesagt: „Dann passt du eigentlich besser zu ihr als zu mir. Denn Rebekka ..." Da hätte ich mich beinahe versprochen, aber er hat nichts gemerkt. So hab ich schnell gesagt: „Denn *ich* bin eigentlich nicht besonders schüchtern."

„Das kann man wohl sagen", hat er geantwortet und dabei gelacht. Nach einer ganzen Weile hat er gefragt: „Ist das ehrlich wahr, was du gesagt hast? Dass deine Schwester mich nett findet?"

„Ja, ist echt wahr", hab ich geantwortet.

Da hat er gesagt: „Dann sag ihr doch mal, dass sie nicht mehr auf mich sauer sein soll und ob sie sich vielleicht mal mit mir nachmittags treffen will und ..."

Ich hab gespannt gewartet, was nach dem „und" kommt, aber mehr hat er nicht gesagt. Deswegen hab ich gefragt: „Meinst du, ob ihr zusammen ein Eis essen geht oder so was?"

„Genau", hat er geantwortet.

Ich hab gesagt: „Ich werde es Luisa ausrichten."

Da hat er ganz zufrieden geguckt und gesagt: „Das ist gut."

Erst war ich richtig glücklich. Dann hab ich überlegt, dass alles eigentlich ziemlich unverschämt von ihm ist. Erst schreibt er Rebekka Briefchen und dann soll sie mir ausrichten, dass er sich mit mir treffen will. Ich habe gedacht, ich müsste ihm jetzt eigentlich die Meinung sagen und was er sich denn dabei denkt. Ich hab sogar schon überlegt, wie Rebekka ihm das sagen würde, wenn ich sie wäre, da ist etwas ganz Komisches passiert. Mirko aus der 6a ist ganz dicht an mir vorbei zur Tür gegangen. Als er neben mir war, hat er mich am Arm gestupst und mir einen Zettel in die Hand gedrückt. Dann ist er schnell mit den anderen aus seiner Klasse weitergegangen und hat so getan, als ob nichts wäre.

Ich hab zu Walter gesagt, ich muss mal auf die Toilette. Dort hab ich den Zettel aufgefaltet und gelesen, was darauf stand: „Liebe Rebekka, warum antwortest du nicht??? Du wolltest mir doch heute sagen, ob du mit mir gehen willst.“

Der erste Brief war also gar nicht von Walter, sondern von Mirko!

Als ich dann später nach Hause kam, bin ich gleich zu Rebekka gegangen, habe ihr den Zettel gegeben und gesagt: „Hier, für dich! Mit vielen Grüßen von Mirko.“

Sie hat gleich gefragt: „Hast du gelesen, was drinsteht?“

„Nur flüchtig“, habe ich geantwortet.

Sie hat den Zettel auseinander gefaltet, hat ihn gelesen und dann gesagt, es sei sehr lieb von mir gewesen, dass ich heute zur Probe bin, obwohl ich dort gar nichts mehr zu tun hatte. Ich sei überhaupt die netteste Schwester, die man sich vorstellen kann.

Ich kann mir auch keine nettere Schwester vorstellen!

Dienstag, 1. Juli:

Heute ist rausgekommen, dass ich gestern Rebekka war. Sie ist wieder gesund und hat sich bei Frau Bütow entschuldigt, dass sie gestern nicht probieren konnte. Frau Bütow hat Rebekka angeschaut, als wäre sie ein Alien, und gesagt: „Was redest du da, Rebekka! Soll das ein Scherz sein? Willst du dich über uns lustig machen? Dabei hast du doch gestern so gut gesungen wie nie vorher."

Rebekka hat sofort kapiert, was das bedeutet, und hat mich giftig angeschaut. Bevor sie es sagen konnte, habe ich es lieber gleich selber ausgesprochen. „Das gestern war ich, Frau Bütow. Entschuldigung."

Jetzt hat Frau Bütow mich angeguckt, als käme ich vom Mond. „Du, Luisa?", hat sie gefragt.

Ich hab gedacht, jetzt schimpft sie mit mir. Aber Frau Bütow musste lachen und hat dann gesagt: „Ja, wenn das so ist, werden die Zwillinge wohl alternierend spielen müssen. Das bedeutet: mal die eine, mal die andere. Wir können so ein Talent doch nicht ungenutzt verkümmern lassen."

Ich hab mich nicht getraut zu Walter zu gucken, als alles rauskam. Deswegen weiß ich gar nicht, wie er reagiert hat und was er jetzt von mir denkt.

Mittwoch, 2. Juli:

Hallo, Tagebuch!

Heute hab ich keine Zeit etwas zu schreiben. Vielleicht heute Abend. Mal sehen. Ich muss jetzt los, die Probe fängt heute schon um zwei an. Und danach bin ich mit Walter verabredet. Das sollen die anderen aber nicht wissen. Wir gehen erst auseinander wie immer. Ich mit Anne und er mit den anderen Jungens. Aber um vier treffen wir uns, Walter und ich. In der Eisdiele Venezia!

Der Albtraum

Mitten in der Nacht wird Christine wach, weil ihre kleine Schwester drüben in ihrem Bett weint.

„Hanna, was ist denn? Was hast du?", fragt sie schlaftrunken.

Das Weinen von Hanna wird lauter. Christine schlägt ihre Zudecke zurück und steigt aus dem Bett. Wie gut, dass die Salzkristall-Lampe auf dem Fensterbrett die ganze Nacht brennen darf. So ist es wenigstens nicht ganz dunkel im Kinderzimmer. Im fahlen rötlichen Licht wackelt Christines Schatten vor ihr her. Sie geht zum Schalter neben der Tür und knipst die Deckenleuchte an.

Hanna sitzt im Bett, die Tränen laufen ihr über die Wangen. Christine setzt sich auf den Bettrand.

„Sag doch was! Was ist denn?", fragt sie.

Hanna weint noch heftiger.

„Tut dir was weh?", fragt Christine besorgt. „Soll ich Mama oder Papa aufwecken?"

Hanna schluchzt.

„Was tut dir denn weh?", fragt Christine.

„Nein", schnieft Hanna. „Nein."

„Nein?“ Christine ist ratlos. „Was heißt ‚nein‘?“

„Nichts eben“, weint Hanna. „Nichts.“

„Nichts? Was heißt ‚nichts‘?“, fragt Christine.

„Eben *nein* und *nichts*!“, sagt Hanna ungeduldig.

„Nein und nichts?“, fragt Christine. „Ich versteh dich nicht.“

Jetzt ist Hanna so ungeduldig, dass sie das Weinen völlig vergisst. „Erst hast du gefragt ‚Tut dir was weh?‘, dazu gehört das ‚Nein‘. Dann hast du gefragt ‚Was tut denn weh?‘, dazu hab ich ‚nichts‘ gesagt“, erklärt sie Christine. „Ist doch ganz einfach, oder?!“

„Und warum hast du dann geweint?“, fragt Christine.

„Weil … weil …“ Jetzt fällt Hanna wieder ein, dass sie ja eigentlich geweint hat, und Christine muss sich eine Weile gedulden, bis sie eine Antwort bekommt.

„Weil ich was furchtbar Schlimmes geträumt habe“, schluchzt Hanna schließlich. „Ganz schlimm geträumt.“

„Schlecht geträumt? Das kenne ich auch. So was ist ganz schlimm, so ein Albtraum“, sagt Christine. „Was hast du denn geträumt? Erzähl doch mal!“

Hanna schnieft, schnieft ein zweites Mal, schließlich nach einer langen Pause noch ein drittes Mal. Dann erzählt sie ihren Traum. „Zuerst ist ein Mann hier in unser Zimmer gekommen …“

Christine unterbricht sie. „Oh, das kenne ich, das kenne ich“, sagt sie schaudernd und schlüpft zu ihrer Schwester ins Bett. „Ich kann mir das ganz genau vorstellen.“ Sie schüttelt sich. „Grässlich! So was hab ich

auch schon mal geträumt. Ein großer, grüner Mann mit gelben Augen. Er hat spitze Zähne und ganz lange Finger, mit Krallen dran, und dann kommt er näher und näher und noch näher …“

„Quatsch!“, sagt Hanna.

„Wieso Quatsch?“, fragt Christine.

„Weil es nämlich ein ganz freundlicher, dicker Mann war. So wie unser Nachbar, der Herr Hufnagel.“

„Hufnagel? Ist das der, der über der Bäckerei wohnt?“, fragt Christine.

„Nein, der wohnt doch an der Ecke gleich neben Frau

Davidoff", erklärt Hanna ihr. „Kennst du den nicht? Der fährt immer mit einem Damenfahrrad, weil er ein steifes Bein hat."

„Der Mann war also gar nicht schlimm?", fragt Christine vorsichtig.

„Was soll an Herrn Hufnagel denn schlimm sein?", sagt Hanna vorwurfsvoll. „Er hat mir schon mal ein Eis gekauft, als meines runtergefallen ist. Weißt du, es war ganz voll Sand und das hat dann zwischen den Zähnen so geknirscht, und da hat er gesagt: ‚Aber Kind, du kannst doch nicht das schmutzige Eis essen', und er hat ..."

Christine unterbricht ihre Schwester. „Dein Eis interessiert mich jetzt nicht die Bohne", sagt sie. „Du wolltest mir sagen, was du Schlimmes geträumt hast. Erzähl endlich weiter!"

„Der Mann ist also in unser Zimmer gekommen ..."

„Das hast du schon gesagt." Christine wird ungeduldig. „Weiter!"

„Ich erzähl ja schon", sagt Hanna. „Aber er war nicht allein. Er hat so ein Tier dabeigehabt, und ..."

„Uuuh, das kenne ich!" Christine verkriecht sich unter der Bettdecke, dass nur noch ihre Nasenspitze herausschaut. „So was hab ich erst gestern Nacht geträumt. Das war ein grauenhaft großer Drache oder so eine Schlange oder ein Basilisk mit Giftzähnen und einer langen roten Zunge. Und Augen, hell wie Taschenlampen. Die gucken einen immer an, egal, wo man hingeht. Das ist vielleicht schlimm!"

„Mein Tier war überhaupt nicht schlimm“, sagt Hanna. „Kein bisschen. Es war mehr so ein Affe, mit einer roten Jacke und einer Mütze auf dem Kopf. So eine ähnliche Mütze, wie sie Karin immer aufhat.“

„Welche Karin?“, fragt Christine.

„Na, die mit dir in eine Klasse geht“, sagt Hanna.

„Woher kennst du die überhaupt?“, fragt Christine.

„Vom Theaterspiel bei euch in der Schule. Da hat sie doch den Hund gespielt.“

„Den Hund? Nein, das war Rebekka. Karin war die Katze“, sagt Christine. „Erinnerst du dich? Sie hatte ein gestreiftes Kostüm an.“

„Deine Katze interessiert mich auch keine Bohne“, sagt nun Hanna. „Oder soll ich dir vielleicht nicht erzählen, was so schlimm war?“

„Doch. Natürlich. Was war denn nun schlimm?“, fragt Christine. „Jetzt erzähl endlich!“

„Also, dieser Affe konnte reden wie ein Mensch …“

„Aha“, sagt Christine. „Ein sprechender Affe. Und weiter?“

„Der Affe hatte zwei Schüsseln Schokoladenpudding dabei. In jeder Hand eine. Eine war riesengroß, die andere ziemlich klein.“

Christine wühlt sich wieder unter der Bettdecke hervor. „Mmm, Schokoladenpudding!“, sagt sie. „Na, das war wenigstens nicht schlimm …“

„Doch! Eben doch!“, ruft Hanna. „Das war doch das ganz Schlimme!“

„Wieso?“, fragt Christine verblüfft. „Schokoladenpudding?!“

„Ja“, sagt Hanna und beginnt wieder zu schniefen. „Der Affe hat nämlich gesagt: ‚Ich hab euch zwei Schüsseln Schokoladenpudding mitgebracht‘ … und … und …“

Hanna schnieft noch heftiger.

„Und?!“, fragt Christine. „Erzähl doch!“

„Er hat gesagt: ‚Ich hab euch zwei Schüsseln Schokoladenpudding mitgebracht‘ … und …“

Hannas Schniefen geht jetzt tatsächlich in heftiges Weinen über. Die Tränen rinnen ihr übers Gesicht.

„Jetzt weine doch nicht wieder!“, ruft Christine. „Erzähl endlich!“

„… und er hat gesagt: ‚Ich habe euch Schokoladenpudding mitgebracht. Die kleine Schüssel ist für dich und die große‘ …“

Hannas Weinen wird so laut, dass Christine sie kaum noch versteht. „Und die große?“, fragt sie.

„Und die große, hat er gesagt, ist für deine Schwester“, schluchzt Hanna. „War *das* nicht schlimm?!“

Bothos Mutter

Roland war unterwegs zu Botho. Er ging auf der Schattenseite der Straße, trotzdem war es so heiß, dass ihm der Schweiß in die Augen rann. Die Tasche mit seinen Badesachen kam ihm schwerer vor als gewöhnlich, er ließ sie am Boden schleifen und zog sie mehr, als dass er sie trug. Es war ein Wetter, bei dem man nichts Besseres tun konnte als im Freibad ins Wasser zu springen. Das würde auch Bothos Mutter einsehen. Bestimmt durfte Botho heute mitkommen.

Vorgestern hatte Roland nach der Schule zu Botho gesagt: „Gehst du heute Nachmittag auch ins Freibad? Wir treffen uns dort, ja? Falls ich gerade im Wasser bin: Ich lege mein Handtuch immer unter den großen Baum rechts neben dem Eingang. Du erkennst es gleich, es steht ganz groß ‚Hotel Maritim' drauf. Mein Vater hat es aus dem Urlaub mitgenommen. Natürlich nur aus Versehen."

Botho zögerte ein bisschen und sagte dann: „Ich weiß noch nicht, ob ich kommen kann."

„Du musst aber kommen", sagte Roland. „Im Freibad sind nämlich immer Leon und Kevin aus der 6a, die schwimmen von hinten ran und tauchen einen unter Wasser, kaum dass man im Becken ist. Wenn du dabei bist, trauen sie sich das nicht."

Botho sagte: „Gut, ich komme. Kevin und Leon werden ganz schön Wasser schlucken, wenn wir zu zweit sind."

Aber Botho war nicht gekommen, und Kevin hatte Roland nicht nur dreimal unter Wasser gedrückt, sondern ihn auch noch nass gespritzt, als er sich schon abgetrocknet hatte und gerade gehen wollte.

Gestern war es dann wieder das Gleiche wie am Tag zuvor. Roland fragte in der Pause, ob Botho mitkomme ins Freibad, und Botho sagte: „Ich weiß nicht, ob ich kommen kann."

„Warum weißt du es nicht?", fragte Roland. „Hast du keine Lust oder was?"

„Es ist wegen meiner Mutter", antwortete Botho. „Sie ist krank. Ich kann sie nicht allein lassen."

„Hat sie Grippe oder was?", fragte Roland.

„Nein, es ist anders", sagte Botho.

„Wie denn anders?"

Botho zögerte mit der Antwort. „*Sie* ist anders", sagte er schließlich. „Sie ist eben krank."

Mehr wollte er nicht sagen.

Roland sagte: „Weißt du was: Ich hol dich von zu Hause ab. Da kann ich deiner Mutter gleich mal gute Besserung wünschen. Und dann gehen wir zusammen schwimmen."

„Nein, das machst du nicht!", rief Botho. „Meine Mutter will keinen Besuch. Sie würde dich wahrscheinlich gar nicht sehen, ich meine: gar nicht erkennen."

„Na, hör mal! Ich war schon mindestens zehn Mal bei euch. Ich kenne doch deine Mutter und sie kennt mich", sagte Roland. „Da musst du dir schon eine bessere Ausrede ausdenken, wenn du keine Lust hast."

„Natürlich habe ich Lust", sagte Botho.

Aber dann war er doch nicht ins Freibad gekommen, und Kevin und Leon aus der 6a waren wieder dort gewesen und hatten Roland so geärgert, dass er schon nach zwei Stunden seine Sachen packte und nach Hause ging.

Roland hatte keine Lust, noch einmal vergeblich auf Botho zu warten. Er würde jetzt einfach zu Bothos Wohnung gehen, ihn herausklingeln und mitnehmen. Roland wischte sich den Schweiß von der Stirn, schwang die Tasche mit den Badesachen über die Schulter und bog in die Talstraße ein, wo Botho wohnte.

In der Talstraße war der Gehweg mit großen quadratischen Steinplatten belegt. Die dunklen Ritzen zwischen den hellen Vierecken bildeten ein gitterförmiges Strichmuster. Roland ging mit großen Schritten und setzte den Fuß immer genau in die Mitte einer Platte.

Wenn ich es schaffe, bis zu Bothos Wohnung zu kommen, ohne ein einziges Mal auf einen Strich zu treten, bedeutet das Glück. Wenn ich es schaffe, kein einziges Mal auf den Strich zu treten, ist Bothos Mutter gesund. Sie öffnet die Haustür, wenn ich klingle, und sagt: „Hallo, Roland, nett dich zu sehn! Du willst bestimmt mit Botho ins Freibad, ja?"

Es war unwahrscheinlich, dass sie so schnell gesund geworden war, das wusste Roland genau. Deshalb verschärfte er die Bedingungen, die er sich selbst stellte.

Wenn ich es schaffe, die Luft anzuhalten und erst bei jedem zehnten Schritt zu atmen, bringt das Glück. Dann ist Bothos Mutter gesund und Botho darf mit ins Freibad.

Roland zählte sorgfältig, blieb nach jedem zehnten

Schritt kurz stehen und atmete tief ein, um genug Luft für den nächsten Abschnitt zu haben.

Plötzlich stockte er, obwohl er erst beim vierten Schritt war.

Die nächsten Platten waren in der Mitte gebrochen. Schräg durch die Platten ging ein dunkler Riss.

Roland blieb unschlüssig stehen.

Wenn ich auf diese Platten trete, trete ich auf einen Strich. Aber ein Riss gilt nicht als Strich. Oder doch? Gilt das dann als Fehler?

Während er noch überlegte, spürte er, dass er es kaum noch aushielt, ohne zu atmen. Entschlossen ging er weiter, trat schnell in die Mitte der gesprungenen Platten, ohne die dunklen Risse zu beachten, und holte tief Luft, als er die zehnte erreicht hatte.

Kurz darauf stand Roland vor der Tür des kleinen Einfamilienhauses, in dem Botho wohnte. Am Türschild aus Messing stand „Helmbrecht", so hieß Botho mit Familiennamen. Roland stellte die Badetasche vor der Haustür ab und klingelte.

Es dauerte eine ganze Weile, bis er von drinnen zögernde Schritte hörte. Dann öffnete sich die Tür einen kleinen Spalt und Botho schaute heraus.

„Was willst du denn hier?", fragte Botho. Es sah so aus, als ob er die Tür gleich wieder schließen wollte.

Roland stellte seinen Fuß in den Türspalt und sagte: „Hallo, Botho. Ich will dich abholen ins Freibad. Kommst du mit?"

„Nein, keine Zeit", sagte Botho und versuchte die Tür gegen Rolands Widerstand zuzudrücken. Es gelang ihm nicht.

„Wieso hast du keine Zeit? Musst du was tun? Kann ich dir dabei helfen?", fragte Roland. „Willst du mich nicht reinlassen?"

„Nein, will ich nicht." Botho wurde richtig laut.

„Was ist denn los? Hab ich dir was getan?", fragte Roland und drängte sich an Botho vorbei in den Flur. „Frau Helmbrecht, ich bin's, Roland!", rief er von dort. „Darf Botho mit ins Freibad?"

Er lauschte, und auch Botho schien aufmerksam zu lauschen. Es kam keine Antwort.

„Sie ist im Wohnzimmer", sagte Botho leise. Er schien sich jetzt damit abgefunden zu haben, dass Roland in der Wohnung war. „Rede mit ihr. Vielleicht ist sie ja bei dir anders."

Bothos Mutter saß auf dem Sofa, die Arme vor der Brust verschränkt, den Kopf gebeugt, und starrte auf den Boden. Sie trug ein langes, weißes Nachthemd, das mit Farbe bekleckert war.

„Hallo, Frau Helmbrecht", sagte Roland.

Sie bewegte sich nicht, starrte weiter auf den Boden, als hätte sie ihn nicht gehört.

„Mama, Roland ist da und will dich besuchen", sagte Botho.

Statt einer Antwort begann sie, den Oberkörper leicht zu wiegen. Nach vorne und zurück, nach vorne und zu-

rück. Immer nach vorne und zurück. Dabei starrte sie unverwandt zu Boden.

„Was ist mit Ihnen, Frau Helmbrecht?“, fragte Roland.

„Mama, jetzt guck doch endlich mal!“, rief Botho.

Seine Mutter hörte auf, sich hin und her zu wiegen. Aber sie schaute nicht hoch und starrte weiter schweigend auf den Fußboden.

„Frau Helmbrecht …“, fing Roland noch einmal an.

Botho fasste ihn an der Schulter und schob ihn aus der Tür. „Es hat keinen Zweck. Sie will uns nicht hören", sagte er. „Sie will niemanden hören. Sie will sich nicht anziehen, sie will nicht essen, sie will ihre Medikamente nicht nehmen. Sie will nicht mit mir sprechen. Sie will nur sitzen und vor sich hin gucken. Nur sitzen und gucken!"

„Warum macht sie das?", fragte Roland.

„Warum!", wiederholte Botho ärgerlich. „Weil sie krank ist. Hab ich dir doch gestern schon gesagt. Und jetzt geh wieder. Und wehe, du erzählst den anderen aus der Klasse was davon!"

Er nahm Roland am Arm, zerrte ihn durch den Flur und schubste ihn aus der Haustür. „Geh endlich", sagte er dabei und knallte die Tür hinter Roland zu.

Roland hörte, wie von innen der Schlüssel gedreht wurde.

Einen kurzen Moment stand Roland unschlüssig vor der verschlossenen Tür. Dann nahm er die Badetasche vom Boden auf, drehte sich um und ging.

Der Spalt in der Platte hat also doch als Strich gegolten. Ich hätte nicht auf diesen Strich treten dürfen. Es war ein Fehler. Ich bin auf einen Strich getreten und Bothos Mutter ist immer noch krank. Ich bin selbst schuld, wenn ich nun wieder ohne Botho ins Freibad gehen muss.

Aber wie hätte ich das mit dem Strich auch vorher wissen können!

Großvaters Geschichte

Als Barbara aus der Schule kommt, ist Mama gerade mit dem Mittagessen fertig. Sie fragt: „Barbara, bist du so nett und trägst Opa das Essen hoch?“

„Gerne“, sagt Barbara. „Stell mein Essen auch gleich aufs Tablett, dann kann ich oben mit ihm essen.“

„Das finde ich sehr lieb von dir, dass du deinem Großvater Gesellschaft leistest“, sagt Mama und streicht Barbara über den Kopf.

Barbara wird ein bisschen rot, weil sie so gelobt wird, aber auch, weil sie findet, dass sie dieses Lob gar nicht verdient hat. Denn Barbara ist gerne oben bei Opa. Ihr Großvater ist nämlich krank und muss schon seit einem Vierteljahr das Bett hüten. Und Großväter, die nicht zur Arbeit müssen und nicht im Garten arbeiten oder ihr Auto waschen, sondern ruhig im Bett liegen, haben viel mehr Zeit für ihre Enkelkinder, hören ihnen zu und erzählen Geschichten. Wenn es nicht so schlimm für Opa wäre, immer nur im Bett liegen zu müssen und gerade mal eine halbe Stunde aufstehen zu können, würde sich Barbara sogar wünschen, dass er nicht so schnell gesund wird.

Als sie und Opa aufgegessen haben und Barbara das Geschirr beiseite gestellt hat, setzt sie sich zu Opa auf die Bettkante.

„Na, was gibt's Neues?", fragt Opa.

„Jakobs Oma ist gestorben", erzählt Barbara.

„Jakob? Wer ist Jakob?"

„Ein Junge aus unserer Klasse", sagt Barbara.

„War der schon mal hier? Kenn ich den?", fragt Opa.

„Ich glaube nicht", antwortet Barbara. „Er wohnt in der Hegelstraße. Seine Mutter arbeitet in der Apotheke. Sein Vater ist Inder oder so was." Eigentlich möchte sie nicht über Jakob sprechen, sondern etwas anderes fragen. Die Frage ist nur nicht ganz leicht zu stellen. Zögernd sagt sie: „Du, Opa ..."

„Ja?", sagt Großvater.

„Opa, musst du auch sterben?"

„Natürlich. Wir alle müssen irgendwann mal sterben. Auch du. Aber du hast noch viel Zeit bis dahin", sagt Großvater.

„Ich meine ... Weil du doch krank bist", sagt Barbara leise.

Opa weiß, was Barbara gemeint hat. „Keine Angst", sagt er und lächelt. „Ich falle euch noch eine Weile zur Last. Der Arzt meint sogar, in zwei, drei Wochen bin ich wieder auf den Beinen."

„Schön", sagt Barbara. „Dann gehen wir zusammen spazieren und ich kann dir erzählen, wie gemein der Müller-Klessheim wieder war."

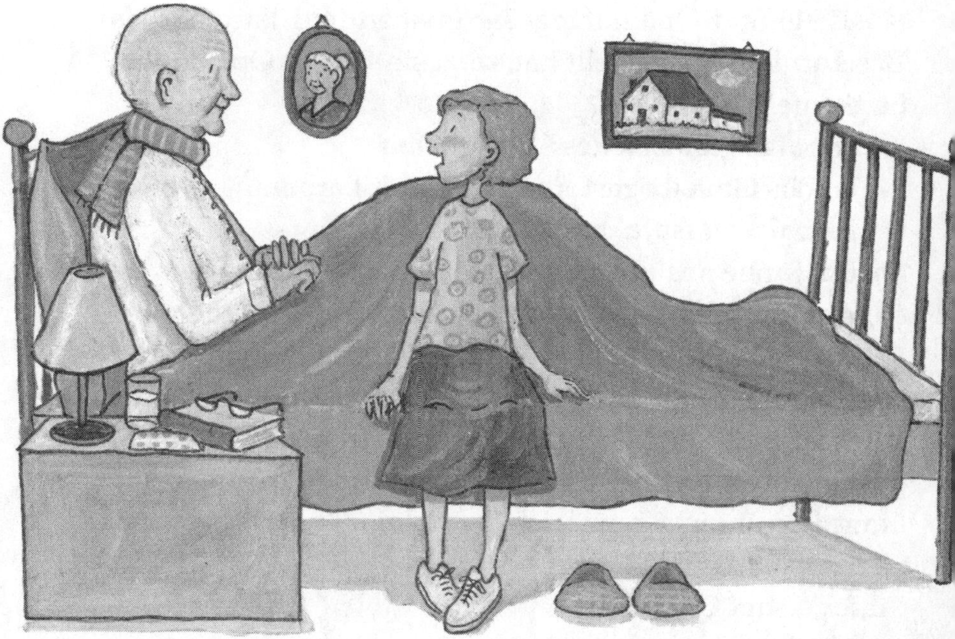

„Das ist euer Hausmeister, oder?“, fragt Opa.

Barbara lacht. „Nein, unser Klassenlehrer“, sagt sie. „Hausmeister haben doch nie einen doppelten Nachnamen.“

„Ist das so?“, fragt Opa. „Da muss ich in Zukunft mal drauf achten. Und deinen Klassenlehrer findest du also gemein. Was macht er denn Schlimmes?“

„Immer gibt er mündliche Noten, wenn man nicht darauf gefasst ist“, beklagt sich Barbara.

Opa lacht laut. „Das findet ihr heutzutage gemein? Dass ein Lehrer Noten gibt? Da hättest du mal in meine

Schule gehen sollen, dann wüsstest du, was gemein ist. Wir wurden damals für die geringste Kleinigkeit mit dem Lineal geschlagen."

„Vom Lehrer? Das ist aber verboten!", ruft Barbara empört. „Warum habt ihr es nicht dem Rektor gemeldet?"

„Er war ja selber der Rektor, gewissermaßen. Es gab an unserer Schule nur einen einzigen Lehrer", erzählt Großvater. „Und der war nun wirklich gemein, wie du es nennst."

„Wieso war der gemein?", fragt Barbara. „Erzähl doch mal!"

„Das wird dann aber eine lange Geschichte", sagt Großvater.

„Umso besser", antwortet Barbara und setzt sich ans Fußende des Bettes. So kann sie sich anlehnen und gleichzeitig Opa sehen.

Opa setzt sich auch, schüttelt das Kopfkissen zurecht, stopft es sich hinter den Rücken und fängt an zu erzählen:

„Du weißt ja, dass ich auf dem Land groß geworden bin. In einem kleinen Dorf. Mein Vater, also dein Urgroßvater, war dort Pastor in der evangelischen Kirche. Wir wohnten im Pfarrhaus. Es gab viele Bücher bei uns, und als ich fünf war, fing ich an, mich für die Buchstaben zu interessieren. Deine Urgroßmutter war eine sehr geduldige, liebe Frau. Sie hat mir nachmittagelang Geschichten vorgelesen und die Wörter erklärt. Als ich in die Schule kam, konnte ich schon ziemlich flüssig lesen."

„Wirklich lesen?", fragt Barbara. „Da hättest du eigentlich gar nicht in die Schule gemusst."

„Genau das war mein Problem", sagt Großvater. „Du wirst es gleich hören. Unsere kleine Dorfschule bestand aus zwei Räumen: aus einem kleinen Kämmerchen, das nur der Lehrer betreten durfte, und einem großen Klassenzimmer. Im großen Zimmer standen zwei Reihen von Schulbänken, durch einen schmalen Gang getrennt. Die vorderen Bänke waren niedrig, das waren die für uns Erstklässler, dann kamen etwas höhere, dort saßen die Kinder, die in die zweite und dritte Klasse gingen. Ganz hinten im Klassenzimmer, von uns Kleinen ehrfürchtig bestaunt, saßen in richtig hohen Bänken die Großen, die Viertklässler."

„Alle in einem Zimmer?", fragt Barbara.

„Ja. Das war damals so. Die Klassen waren auch viel kleiner als heute. Mit mir zusammen gingen nur noch vier andere in die erste Klasse. Wir waren fünf. Beziehungsweise sechs, als später Kurt Hufnagel dazukam."

„Aber ein Lehrer kann doch nicht alle gleichzeitig unterrichten", sagt Barbara. „Wie soll das denn gehen?"

„Die Viertklässler bekamen eine Rechenaufgabe. Meist schrieben sie lange Zahlenreihen ins Heft, bewegten dann stumm die Lippen, wenn sie rechneten, oder kauten an ihren Federhaltern, bevor sie die Feder ins Tintenfass tunkten und das Ergebnis notierten. Damals schrieben wir nämlich noch mit Feder und Tinte. Die Drittklässler schrieben währenddessen eine Seite aus dem Lesebuch ab und versuchten, sich von den Zweitklässlern nicht ablenken zu lassen, die gerade laut vorlasen.

Für uns Erstklässler begann der Unterricht eine Stunde später als bei den höheren Klassen, um neun. Da hatte der Lehrer den anderen Schülern schon ihre Aufgaben zugeteilt und konnte sich für einige Zeit ganz mit uns Kleinen beschäftigen.

Ich weiß nicht, was mich mehr langweilte: der Leseunterricht oder die Texte, die ganz vorne in unserem ersten Lesebuch standen. Die mussten wir nämlich immer wieder lesen, mit dem Finger an der Zeile. Ich fragte unseren Lehrer, ob ich nicht etwas anderes vorlesen dürfe. Ich könne nämlich schon lesen.

Unser Lehrer sagte: ‚Du kannst nicht lesen, du kannst höchstens den Text auswendig, weil wir ihn so oft wiederholt haben.‘

Ich sagte: ‚Doch, ich kann wirklich lesen.‘

‚So? Dann lies doch mal, was hier steht!‘, sagte er, schlug mein Lesebuch in der Mitte auf und hielt es mir hin.

Ich schnurrte ganz schnell die paar Sätze herunter, die da standen.“

„Toll, Opa. Da hat er dich aber gelobt!“, sagt Barbara.

„Im Gegenteil“, erzählt Großvater weiter. „Unser Lehrer war verwundert, aber gleichzeitig ein wenig ärgerlich. Alles, was den normalen Unterrichtsablauf störte, machte ihn nervös. Und nun saß da einer in der ersten Bank, der fließend lesen konnte.

‚Nimm deine Sachen und setz dich in die dritte Bank!', befahl er mir. ‚Setz dich neben Siegfried. Der kann sich ein Beispiel an dir nehmen. Ist in der dritten Klasse und liest nicht halb so schnell wie du.'

Ich steckte mein Bleistiftmäppchen und das Lesebuch in den Schulranzen und ging nach hinten, zu den Drittklässlern. Ich wusste nicht, wer von ihnen Siegfried war, erkannte ihn aber gleich an seinem feindseligen Gesichtsausdruck.

Siegfried war keineswegs begeistert von dem kleinen Sechsjährigen, der jetzt neben ihm saß, kaum über den Tischrand gucken konnte und der ihm als Beispiel dienen sollte. Er ließ mich das jeden Tag spüren, indem er mir seinen harten, spitzen Ellbogen in die Seite rammte. Manchmal stieß er auch mit einer schnellen, scheinbar zufälligen Handbewegung mein Heft zur Seite, wenn ich schrieb. Dann zog meine Schreibfeder einen dicken Strich quer über die Heftseite und ich musste umblättern und den ganzen Absatz noch einmal neu schreiben.

Auch die übrigen Drittklässler behandelten mich als unerwünschten Eindringling, zogen mich schnell und heftig an den Haaren, wenn der Lehrer sie nicht im Blick hatte, oder sie streckten von hinten ihre Füße unter der Rückenlehne meiner Bank durch und wischten ihre schmutzigen Schuhsohlen an meiner Hose ab."

„Das war aber ganz gemein", sagt Barbara.

„Ja, auch Kinder können so sein, nicht nur Erwachsene", sagt Opa. „Ich hätte nur zu gern auf meine Sonderstellung verzichtet. Was glaubst du, wie gerne ich ganz unauffällig zwischen den übrigen Erstklässlern gesessen hätte!

Als ich dann aber zu ihnen zurückversetzt wurde, war das so demütigend, dass ich nicht darüber froh sein konnte.

Ich konnte zwar lesen wie ein Drittklässler und auch bald recht flüssig schreiben, aber mit dem Rechnen hatte ich so meine Schwierigkeiten. Die Buchstaben waren meine Freunde, nicht die Zahlen. Wenn da in Buchstaben geschrieben stand ‚Siebenundachtzig', konnte ich es ohne Schwierigkeiten lesen, aber die Zahl 87 konnte ich nicht entziffern.

Unser Lehrer, der mich beim Lese- und Schreibunterricht für einen Drittklässler hielt und mich auch so behandelte, hatte wohl mein wahres Alter inzwischen vergessen. Jedenfalls bekam er einen Zornausbruch, als beim Aufsagen des kleinen Einmaleins die Reihe an mich kam. Ich fing zu stottern an und alle merkten, dass ich nicht einmal die Dreierreihe konnte. Er nannte mich einen ‚Dummkopf' und ‚Faulpelz' und befahl mir, meine Sachen zu packen und mich in die erste Reihe zu verziehen. Du kannst dir das hämische Grinsen und Beifallklatschen der Drittklässler vorstellen!

Von diesem Tag an war ich endgültig zum Außenseiter geworden. Ich gehörte nicht mehr zu den Erstklässlern, aber auch nicht zu den Kindern aus der dritten Klasse. Ich hatte nicht einmal einen festen Platz im Klassenzimmer.

Beim Rechnen hatte ich vorne zu sitzen, beim Lesen oder Aufsatzschreiben wurde ich nach hinten geschickt.

Ich war der Einzige, der nach der Schule allein nach Hause gehen musste. Wollte ich mit den Erstklässlern gehen, sagten sie: ‚Geh doch zu deinen Drittklässlern!' Aber das getraute ich mich nicht, ich hatte Angst vor ihren spitzen Ellbogen."

Barbara sagt: „Dass er dich ‚Dummkopf' nannte, war nicht schön von eurem Lehrer. Aber gehauen hat er dich nicht. Oder?"

„Doch. Ein einziges Mal. Dabei hatte ich mir gar nichts zuschulden kommen lassen", sagt Großvater leise und schweigt eine Weile. Er findet es wohl immer noch ungerecht, obwohl es schon sechzig Jahre her ist. Schließlich erzählt er weiter.

„Die anderen aus der Klasse wurden viel öfter geschlagen. Ich hatte eine Sonderstellung, weil ich der Sohn des Pfarrers war. Da hat er es sich nicht getraut. Aber einmal hat er mich doch geschlagen. Das war wegen Kurt Hufnagel."

„Was war mit diesem Kurt?", fragt Barbara.

„Kurt kam aus der Stadt. In den letzten Tagen des Zweiten Weltkriegs hatte eine Bombe das Haus getroffen, in dem er wohnte."

„Krieg? Hier bei uns?", fragt Barbara. Sie kennt den Krieg nur aus der Tagesschau im Fernsehen. Dieser Krieg ist immer in fernen Ländern und bei Menschen, die anders aussehen als sie oder Opa.

„Ja, hier bei uns“, sagt Opa. „Du kannst dankbar sein, dass du ihn nicht erleben musstest. Er war schrecklich. Kurt war im Keller verschüttet gewesen, hatte zwei Tage dort überlebt, bevor man ihn ausgegraben hat. Seine Mutter war bei der Explosion der Bombe umgekommen. Nun lebte Kurt in unserem Dorf bei einer Tante.

Er hatte verschiedene Ticks und Gewohnheiten, die ihn vom ersten Tag an dem Spott der anderen Kinder aussetzten. Ich muss zugeben, dass ich anfangs auch über ihn gelacht habe. Er kniff auf merkwürdige Art die Augen zusammen, hatte ein nervöses Mundzucken, und immer wenn er unsicher war, fing er so schnell zu blinzeln an, dass man ihm kaum in die Augen gucken konnte. Außerdem ging er gebeugt und mit hängenden Schultern wie ein alter Mann.

Aber richtig schlimm wurde es erst, als Gudrun die Papiertüte platzen ließ. Die Pause war vorbei, wir hatten gerade Platz genommen, der Lehrer war noch in seinem Nebenzimmer. Gudrun blies eine Papiertüte auf, in der sie ihr Pausenbrot mitgebracht hatte, und schlug mit der flachen Hand darauf. Das war harmlos und nicht böse gemeint. Es gab einen heftigen Knall, als die Tüte platzte.

Kurt schrie erschrocken auf, geriet richtig in Panik, fing wie toll an zu blinzeln, seine Mundwinkel zuckten, und dann geschah es: Seine Hose färbte sich dunkel, auf seinem Sitz breitete sich eine Pfütze aus, die größer wurde und über den Rand nach unten tropfte. Sein Banknachbar rückte von ihm ab, fassungslos, hielt sich die Nase zu und

rief: ‚Herr Lehrer, kommen Sie! Er hat gepisst! Kurt hat in die Hose gepisst!‘

Unser Lehrer besah sich kurz die Bescherung, ging dann ganz ruhig nach vorne zum Lehrerpult, nahm ein langes Lineal aus dem Schubfach und sagte: ‚Komm heraus, Kurt, und hol dir deine Strafe ab!‘

Kurt schlich nach vorne.

‚Streck deine Hände aus. Beide! Handflächen nach oben!‘, sagte der Lehrer und ließ dann das Lineal mit großer Wucht niedersausen. Kurt jaulte auf und zog die Hände unwillkürlich zurück.

‚Du sollst die Hände ausstrecken, hast du nicht gehört!‘, schrie der Lehrer.

Und laut weinend streckte ihm Kurt ein zweites Mal die Hände entgegen, bekam zum zweiten Mal einen harten Hieb mit dem Lineal. Dann durfte er wieder zurück zu seinem Platz.

‚Wir sind hier doch nicht in einem Schweinestall', sagte der Lehrer, während Kurt immer noch weinend in die Hände pustete, um den Schmerz zu lindern. ‚Wenn das noch einmal vorkommt, kriegst du vier mit dem Lineal, nicht nur zwei wie heute. Merk dir das!'

Schon am nächsten Tag bekam Kurt die angekündigten vier Schläge, denn er hatte wieder das Wasser nicht halten können. Von da an verging kein Tag, an dem er nicht in die Hose gepinkelt hätte und dafür bestraft worden wäre. Es wurde so was wie eine feste Gewohnheit bei uns in der Klasse: Erst kam das gemeinsame Morgengebet, danach das Vorzeigen der Hausaufgaben, darauf das Lesen oder Schreiben, das Rechnen, dann bekam Kurt seine täglichen vier Schläge mit dem Lineal, krümmte sich und weinte, schließlich sagte der Lehrer: ‚Auf Wiedersehn, Schüler', worauf alle im Chor ‚Auf Wiedersehn, Herr Lehrer' antworteten und nach Hause zum Mittagessen gingen.

Die Tante von Kurt wohnte in unserer Straße und ich ging jetzt immer mit ihm zur Schule und nach Hause.

Es dauerte eine ganze Weile, bis ich ihn auf sein Hosennässen ansprach. Es war mir peinlich und ich hatte das Gefühl, dass auch er nicht darüber sprechen wollte.

Aber eines Tages fragte ich ihn doch. ‚Warum machst

du das nur? Warum pinkelst du in die Hose wie ein Baby?'

Er zuckte mit den Schultern. ‚Ich muss eben', sagte er. ‚Immer wenn ich Angst habe, muss ich es, ich kann's einfach nicht zurückhalten.'

‚Wovor hast du denn Angst?', fragte ich. ‚Wir tun dir doch nichts.'

Er sagte: ‚Ich hab eben Angst, dass der Lehrer mich schlägt. Deswegen muss ich es machen, und dann schlägt er mich und ich hab noch größere Angst, dass es wieder passiert.'

‚Ich hab auch manchmal Angst, aber deswegen pinkele ich mir doch nicht in die Hose', sagte ich.

Eine Weile war er ganz still. Dann sagte er: ‚Vielleicht ist es, weil ich doch im Keller verschüttet war. Da hatte ich auch Angst. Ganz große Angst sogar, dass sie mich nicht mehr finden und ich da unten sterben muss. Und da musste ich ja in die Hose machen.'

‚Wieso *musstest* du?', hab ich ihn gefragt.

‚Was hätte ich denn tun sollen? Ich war da doch eingeklemmt und konnte mich zwei Tage nicht rühren, weil ein Stück Mauer auf meinem Bein lag', sagte er. ‚Oder hättest du es zwei Tage ausgehalten ohne zu pinkeln?'

‚Nein. Das kann kein Mensch', sagte ich. ‚Auch unser Lehrer nicht. Der hätte auch in die Hose gemacht.'

Auf dem ganzen Heimweg malten wir uns dann aus, wie es aussehen würde, wenn der Lehrer in die Hose machen müsste. Dabei sah ich Kurt zum ersten Mal lachen.

Ich weiß nicht, ob unser Gespräch daran schuld war, aber am nächsten Tag machte Kurt nicht in die Hose. Der Morgen verging, es wurde elf, die Uhr schlug halb zwölf und der Sitz von Kurt war immer noch trocken. Die Kinder, die hinter ihm saßen, beugten sich immer wieder verstohlen nach vorne, guckten und schnupperten, aber da gab es nichts zu sehen und zu riechen. Das Schauspiel von Kurts Bestrafung, das wir Kinder jedes Mal mit einer Mischung aus Schaudern und Sensationsgier verfolgt hatten, schien diesmal auszufallen.

Aber Siegfried sorgte dafür, dass es auch an diesem Tag stattfand. Er holte heimlich den nassen Tafelschwamm aus der Blechschale und gab ihn unter der Bank an seinen Nachbarn weiter. Unter aufgeregtem Flüstern wurde der Schwamm von Hand zu Hand weitergereicht, bis er schließlich bei Wieland angelangt war. Wieland saß eine Bank hinter Kurt. Ein kurzer Druck auf den Schwamm und auf dem Sitz von Kurt breitete sich eine dunkle Wasserpfütze aus.

‚Er hat wieder gepisst! Herr Lehrer, Kurt hat gepisst!', schrien alle lachend und johlend durcheinander.

Der Lehrer kam zu Kurt geschossen, packte ihn wie jeden Tag am Arm und zog ihn aus der Bank.

Ich sprang auf und schrie: ‚Er war es nicht! Das war Wieland! Wieland hat das gemacht!'

Der Lehrer stieß Kurt in die Bank zurück und sagte zu mir: ‚So, Kurt war es nicht. Wieland hat also von dahinten auf die Bank von Kurt gemacht! Hat man je eine unverschämtere Lüge gehört? Denkst du vielleicht, ich lasse mich von dir zum Narren halten, nur weil dein Vater sonntags auf der Kanzel steht? Komm mit nach vorn!'

Mit zitternden Knien ging ich vor zum Lehrerpult. Ich wollte mich verteidigen, wollte alles erklären, brachte aber vor Angst kein Wort heraus.

‚Streck die Hände aus. Beide! Handflächen nach oben! Wenn dir so viel an deinem sauberen Freund Kurt liegt, dann wirst du gern die Strafe für ihn in Empfang nehmen', sagte der Lehrer, während sein Lineal klatschend auf meine Handfläche aufschlug, viermal aufschlug und mir viermal der Schmerz bis hinauf in die Oberarme fuhr. Ich biss die Zähne zusammen. Ich nahm mir ganz fest vor nicht zu weinen, und konnte doch nicht verhindern, dass mir das Wasser in die Augen schoss. Laut schluchzend bin ich zu meinem Platz zurückgerannt."

„So eine Gemeinheit. Vom Lehrer, aber auch von den Kindern", ruft Barbara.

Großvater antwortet nicht. Er sitzt ganz still und starrt vor sich hin. Barbara sieht, dass er Tränen in den Augen hat.

„Opa, weinst du?", fragt sie.

„Ich hätte nicht gedacht, dass mich das nach mehr als sechzig Jahren noch so zornig macht", sagt Opa.

Nach einer Weile fragt Barbara: „Und was ist aus diesem Kurt Hufnagel geworden?"

Großvater zuckt die Achseln. „Ich weiß es nicht", sagt er. „Seine Tante hat wieder geheiratet und sie sind weggezogen. Kurt hat mir noch ein-, zweimal geschrieben. Ich habe ihm auch geantwortet. Dann kam ich aufs Gymnasium und hatte neue Freunde. Irgendwie haben wir uns aus den Augen verloren. Ich wüsste gar zu gerne, ob er noch lebt und wie es ihm geht."

„Und warum schreibst du ihm nicht?", fragt Barbara. „Schreib ihm doch einfach einen Brief."

„Ich glaube nicht, dass die alte Adresse noch gilt", sagt Großvater. „Er wohnt inzwischen bestimmt ganz woanders. Vielleicht ist er sogar schon gestorben."

„Aber versuchen können wir es ja", sagt Barbara. „Weißt du was: Ich schreibe den Brief."

„Du? Was willst du denn schreiben? Du kennst ihn ja gar nicht", sagt Großvater.

„Ich schreibe ihm, dass ich einen Opa habe, der mit ihm als Kind befreundet war und ihn gerne wiedersehen möchte."

„Aber schreib die Absender-Adresse ganz deutlich", sagt Großvater. „Und zwar deswegen, weil der Brief bestimmt hierher zurückkommt. Ich kann dir auch schon sagen, was dann neben der Adresse stehen wird."

„Was denn?"

„Empfänger unbekannt verzogen."

Papas Geheimnis

Seitdem die Mutter von Luisa und Rebekka in der Volkshochschule einen Aquarellkurs belegt hatte, interessierte sie sich brennend für Malerei.
Genau genommen hatte sie sich auch vorher schon dafür interessiert, aber jetzt sprach sie von nichts anderem mehr als von Malern, Bildern und von Kunstgeschichte. Sogar beim Mittagessen.

Vater hatte gekocht, denn Mutter hatte vormittags unbedingt in die Stadt fahren müssen, um für den Malkurs noch einen Dachshaarpinsel Größe 14 und eine Tube Zinnoberrot zu kaufen.

Es gab Spinat aus der Tiefkühltruhe, Kartoffeln und Fischstäbchen. Aber anstatt Vater für dieses originelle Menü zu loben, schob Mutter die Kartoffeln auf ihrem Teller in den Spinat, betrachtete das Ganze mit schief gehaltenem Kopf und sagte hingerissen: „Schaut euch dieses scharfe Grün und dieses satte Gelb an! Das sind exakt die Farben, die van Gogh auf seinem Bild ‚Kornfeld mit Krähen' verwendet hat."

Luisa holte sich vier Fischstäbchen auf den Teller und

sagte dabei: „Vielleicht hat dieser Gogh auch Kartoffeln mit Spinat und Fischstäbchen gegessen, bevor er sein Bild gemalt hat."

„Könnt ihr auch mal von etwas anderem reden als von irgendwelchen Bildern, die sowieso keiner kennt?", fragte Rebekka.

„*Ich* rede überhaupt nicht von irgendwelchen Bildern", sagte Vater. „Ich lausche nur eurer Mutter."

Mutter hörte auf, die Kartoffelstücke auf ihrem Teller hin und her zu schieben, und sagte: „Es darf doch nicht wahr sein, dass meine Töchter nicht einmal van Gogh kennen. Nächsten Sonntag gehen wir zusammen ins Museum."

So kam es, dass Mutter, Vater, Luisa und Rebekka den halben Sonntagnachmittag im Museum verbrachten.

Sie schauten sich gemeinsam die Bilder an und jeder sollte sagen, welches ihm am besten gefiel.

Luisa wählte eine chinesische Tuschezeichnung, auf der zwei spielende Katzen zu sehen waren.

Mutter fand ein altes niederländisches Gemälde am schönsten, das eine Familie zeigte, die um den Tisch versammelt war.

„Wie schade, dass man heutzutage so etwas nicht mehr malt", sagte sie. „Stellt euch vor, wir hätten ein Bild zu Hause an der Wand, das uns alle am Esstisch zeigt. Und darunter sitzen wir dann echt. Wäre das nicht originell?"

„Wir können uns ja fotografieren lassen", sagte Luisa. „Das geht sowieso schneller als malen."

„Mirko aus der 6a hat eine Digitalkamera. Die leiht er mir bestimmt mal“, sagte Rebekka.

„Ich will ja gar kein Bild, und schon gar nicht ein Foto“, sagte Mutter. „Das Ganze war nur so ein Gedanke, nicht ernst gemeint.“

Rebekka wählte nach einigem Hin und Her ein Bild von einem Maler namens Picasso, das eine blaue Frau zeigte.

Vater brauchte sehr lange, bis er sich entschieden hatte. Erst in der Abteilung „Kunst des 20. Jahrhunderts“ fand er ein Landschaftsbild, das ihm besonders gut gefiel.

Er beugte sich über das kleine Schild, das neben dem Bild angebracht war. „Nora Helmbrecht. Landschaft mit rotem Haus", las er laut vor und fragte: „Helmbrecht? Ist das nicht die Mutter von einem Mitschüler von euch?"

„Bothos Mutter ist Malerin", sagte Luisa. „Das wird sie wohl sein."

„Von der habt ihr mir erzählt", sagte Mutter. „Sie ist in der Nervenklinik und Botho wohnt jetzt bei seiner Tante. Stimmt's?"

„Das war mal", sagte Rebekka. „Inzwischen ist sie längst wieder gesund."

„Und Botho ist wieder zu Hause", ergänzte Luisa.

„Wie schön", sagte Mutter. Dann gingen auch die vier nach Hause.

Am späten Dienstagnachmittag kam Rebekka ziemlich aufgeregt aus der Stadt zurück. Sie war mit Mutter im Kaufhaus gewesen. Mutter hatte nach einem ganz besonderen Aquarellblock gesucht, und Rebekka hatte währenddessen ein blaues Armband entdeckt, das sie sich schenken ließ.

Luisa saß auf dem Bett und hörte Musik, da kam Rebekka ins Kinderzimmer, ging sofort zum Radio und drehte es leise.

„He, was soll das?", rief Luisa. „Das war gerade mein Lieblingslied."

Rebekka setzte sich neben ihre Schwester aufs Bett. „Ich muss dir was ganz Wichtiges erzählen", flüsterte sie.

„Mama soll es nicht hören und bei Musik muss ich laut reden. Stell dir vor: Papa hat eine Freundin!"

Jetzt war es Luisa, die das Radio ganz abstellte. „Wie kommst du denn darauf?", fragte sie. „So ein Blödsinn!"

„Kein Blödsinn!", sagte Rebekka. „Ich hab ihn mit einer anderen Frau gesehn."

„Na und?", fragte Luisa. „Darf er sich denn nicht mit einer anderen Frau unterhalten?"

„Er hat sich ja nicht nur unterhalten, er hat sich versteckt!", sagte Rebekka und blickte ihre Schwester bedeutungsvoll an.

„Versteckt? Wie meinst du das?"

„In der Fußgängerzone ist doch ein Straßencafé. Da saß er mit der fremden Frau zusammen an einem Tisch", erzählte Rebekka.

„Na und?"

„Jetzt kommt's: Als er Mama und mich von weitem sah, hat er sich abgewandt und eine Zeitung so vors Gesicht gehalten, als würde er lesen. Nur damit wir ihn nicht erkennen. Er hat wohl gedacht, ich hätte ihn nicht gesehn. Mama hat ihn tatsächlich nicht entdeckt und ist vorbeigegangen. Ich hab ihr nichts gesagt, ich fand das zu peinlich."

„Das ist ja merkwürdig", sagte Luisa. „Und du erzählst keine Lügengeschichten?"

„Ehrenwort", versicherte Rebekka. „Alles wahr."

„Meinst du wirklich, das ist seine Freundin?", fragte Luisa.

„Seine Geliebte", sagte Rebekka. „Das kennt man doch vom Fernsehen. Da haben Männer auch immer Freundinnen, die nennt man Geliebte. Und dann verlassen sie ihre Familie."

„Du meinst, er lässt sich scheiden?", fragte Luisa.

„Er nicht, aber Mama, wenn sie es entdeckt. Wir müssen verhindern, dass Mama was merkt, und wir müssen Papa und diese Frau möglichst schnell auseinander bringen."

„Wie willst du das denn schaffen?", fragte Luisa. „Außerdem wissen wir gar nicht genau, ob es eine Geliebte ist. Vielleicht hat er zufällig die Zeitung hochgehoben und euch gar nicht gesehen."

„Und wer war dann die Frau?", fragte Rebekka.

„Eine Vertreterin vielleicht, die ihm ein neues Medikament andrehen wollte", schlug Luisa vor.

„Und warum macht sie das nicht in Papas Apotheke, sondern in einem Café?"

Darauf wusste Luisa auch keine Antwort.

„Wir werden ihn ab jetzt genau beobachten", beschloss Rebekka.

Am nächsten Tag sagte Vater gleich nach dem Mittagessen: „Ich muss heute leider früher los. Wiedersehn, ihr drei!", stand vom Tisch auf, zog seine Jacke an und ging zur Tür.

Mutter sagte geistesabwesend „Wiedersehn!" und blickte dabei auf ein halb fertiges Bild, das auf der Staffelei stand. Sie dachte wahrscheinlich darüber nach, in welchem Grünton sie die Wiese im Vordergrund malen sollte.

Rebekka warf Luisa einen vielsagenden Blick zu und fragte: „Wo musst du denn hin, Papa?"

„Ich?", fragte Vater. „In die Apotheke natürlich. Frau Bachmann-Tahore hat heute Urlaub, ich muss sie vertreten."

„Dürfen wir dich begleiten?", fragte Rebekka.

„Nicht nötig", sagte Vater schnell. „Ihr beide bleibt hier und macht den Abwasch."

Dann ging er hastig aus dem Haus.

Rebekka folgte ihm ein Stück, ohne dass er es merkte. Als sie zurückkam, hatte sie vor Aufregung ganz rote Ohren, winkte ihre Schwester zu sich und ging voraus ins Kinderzimmer.

„Jetzt ist es eindeutig", flüsterte sie. „Er schwindelt Mama und uns an. Er ist gar nicht nach rechts gegangen zur Apotheke, sondern geradeaus weiter, in die Merkurstraße. Bestimmt trifft er sich dort mit seiner Geliebten."

„Vielleicht musste er in der Merkurstraße noch was erledigen", schlug Luisa vor.

„Du glaubst es also immer noch nicht?", fragte Rebekka. „Na gut. Wir werden ihn also weiter beobachten und Beweise sammeln."

Am Tag darauf kramte Vater nach dem gemeinsamen Mittagessen seine Fotokamera aus dem Schrank. Er hatte sie bestimmt schon zwei Jahre lang nicht mehr benutzt, jetzt kam er plötzlich auf die Idee, dass er ein Foto von Luisa und Rebekka haben wollte.

„Rückt mal ein bisschen dichter zusammen, damit ich euch beide draufkriege", dirigierte er und knipste sie gleich fünf Mal hintereinander.

„Papa, warum willst du plötzlich Fotos von uns machen?", fragte Luisa.

Vater zögerte einen Augenblick und tat so, als ob er mit dem Fotoapparat beschäftigt sei. „Für den Ausweis", sagte er dann. „Habt ihr nicht behauptet, ihr braucht neue Fotos für euren Schülerausweis?" Dann ging er schnell, bevor die Zwillinge weitere Fragen stellen konnten.

„Hast du gemerkt, dass er schon wieder geschwindelt hat?", fragte Rebekka, als sie mit ihrer Schwester allein war. „Fotos für den Schülerausweis! So ein Quatsch."

„Warum? Wir können wirklich neue Fotos brauchen. Meines ist schon mindestens ein Jahr alt", sagte Luisa.

„Denk doch mal nach!", rief Rebekka. „Wir sind zusammen auf einem Bild, hat er selber gesagt. Willst du etwa ein Foto von uns beiden in deinen Ausweis kleben?"

„Das stimmt", gab Luisa zu. „Weshalb braucht er dann aber ein Bild von uns?"

„Als Andenken", sagte Rebekka düster. „Damit er uns immer im Gedächtnis behält."

„Wir können ihn doch nicht einfach gehen lassen. Wir müssen etwas unternehmen", sagte Luisa. „Meinst du, er liebt Mama nicht mehr?"

„Mama ist ein bisschen mit daran schuld. Sie kümmert

sich überhaupt nicht mehr richtig um ihn. Sie denkt nur noch an ihre Malerei. Sie vernachlässigt ihn. Für seine Freundin ist er bestimmt der Größte. Weißt du, Männer wollen beachtet und bewundert werden."

„Und du meinst, dass Papa auch so ist?", fragte Luisa.

„Ist er vielleicht *kein* Mann?", fragte Rebekka zurück.

„Dann muss Mama ihn einfach mehr beachten", sagte Luisa.

Rebekka nickte. „Bewundern wäre noch besser."

Am nächsten Morgen, es war Sonntag, kam Vater aus dem Staunen nicht mehr heraus. Eigentlich wollte er wie Mutter im Morgenmantel frühstücken, aber seine Töchter bestanden darauf, dass er einen Anzug anzog. Luisa reichte ihm den Anzug, Rebekka ein buntes Hemd und eine Krawatte.

„Was ist denn in euch gefahren?", fragte er, während er sich die Krawatte umband.

Statt Antwort zu geben fragte Luisa: „Dürfen wir dir mal die Haare kämmen, Papa?"

Rebekka sagte: „Deine Frisur könnte man, ehrlich gesagt, etwas verbessern."

„Wenn ihr meint", antwortete Vater, ließ sich die Haare kämmen und hielt auch still, als Luisa sie mit viel Gel so hintrimmte, dass sie vorne nach oben standen.

„So", sagte sie dann zufrieden. „Jetzt sieht deine Frisur viel besser aus. Findest du nicht auch, Rebekka?"

„Ja, irgendwie moderner", bestätigte Rebekka.

Darauf gingen die drei hinunter und deckten den Frühstückstisch, während Mutter gleichzeitig ihre Malsachen wegräumte.

Wenig später, beim Frühstück, fragte Mutter die Zwillinge: „Warum guckt ihr mich eigentlich so erwartungsvoll an?"

Luisa sagte: „Wie findest du Papa?"

„Wie ich ihn finde?", fragte Mutter.

„Ja", sagte Rebekka. „Sieht er nicht richtig gut aus für sein Alter?"

Vater lachte. „Das klingt ja, als wäre ich schon ein alter Mann!"

„Na ja, die Allerjüngsten sind wir beide nicht mehr", sagte Mutter.

„Andere Väter sehen aber viel älter aus", sagte Luisa schnell. „Findest du nicht auch, Mama?"

„Und andere *Mütter*?", fragte Mutter.

Luisa ging nicht auf Mutters Frage ein, sondern sagte: „Ist es nicht toll, wie Papa alles immer schafft?"

„Was *schafft*?", fragte Mutter.

„Na ja, seine Arbeit, die Apotheke und so. Und dann kocht er sogar manchmal", erklärte Luisa ihr.

„Den Rasen mäht er auch. Und den Müll trägt er raus", ergänzte Rebekka.

„Ja, manchmal!", sagte Mutter und lachte. „Manchmal!"

„Überhaupt sieht Papa viel besser aus als alle anderen Väter, die wir kennen", sagte Luisa.

Vater lachte.

„So viele Komplimente an einem einzigen Vormittag!“, sagte er. „Weiter so!“

Rebekka und Luisa guckten erwartungsvoll zu Mutter, aber die sagte nichts, sondern begann ihr Frühstücksei aufzuklopfen.

Rebekka startete einen neuen Versuch. „Mama, wie findest du Papas Krawatte? Die steht ihm doch gut, oder?“

Mutter hörte auf, mit dem Eierlöffel auf die Eierspitze zu trommeln, schaute sich Vaters Krawatte an und fragte ihn: „Weißt du noch, wo wir die Krawatte gekauft haben?“

Vater zuckte die Achseln. „Keine Ahnung.“

„Ich kann's dir sagen: im Museums-Shop in Amsterdam. Erinnerst du dich? Dort im Museum haben wir diese wunderbaren Rembrandt-Gemälde gesehen. Unglaublich gut gemalt. Besonders die Alterswerke. Da hat Rembrandt die Farbe derart dick aufgetragen.“ Mutter zeigte die Dicke der Farbe zwischen Daumen und Zeigefinger an. „Mindestens *so* dick.“

„Meinetwegen dreimal so dick!“, sagte Luisa wütend, stand auf und ging in ihr Zimmer. Rebekka stand auch auf.

„Was ist denn los? Was habt ihr denn?“, fragte Mutter verblüfft. „Hab ich was Falsches gesagt?“

„Der Schularzt hat festgestellt, dass wir beide eine ganz schlimme Malerei-Allergie haben“, sagte Rebekka.

„Du hast schon mal bessere Witze gemacht“, sagte Mutter. Sie war ein bisschen gekränkt.

Rebekka zuckte die Achseln. „Das ist bei Zwillingen leider oft so, dass sie dieselben Krankheiten haben. Wenn wir das Wort ‚Gemälde' hören, müssen wir ganz schnell aus dem Zimmer, sonst bekommen wir rote Flecken auf der Haut."

Ein paar Tage später war es Luisa, die aufgeregt ins Zimmer gestürmt kam, Rebekka beim Arm nahm und rief: „Komm schnell mit!"

Auf Rebekkas erstaunten Blick hin flüsterte sie: „Papa und die fremde Frau!"

Während die beiden aus dem Haus rannten, erzählte Luisa schwer atmend, dass sie gerade mit Walter aus der Eisdiele gekommen war, als sie plötzlich Papa mit einer Frau gesehen hatte. Er und die Frau hatten sich gegenübergestanden und lebhaft unterhalten.

„Ja und? Was willst du jetzt unternehmen?", fragte Rebekka und blieb erst mal stehen. „Wir können Papa doch nicht zur Rede stellen oder dieser Frau sagen, dass sie unseren Vater in Ruhe lassen soll."

Auch Luisa hörte auf zu rennen. „Nein. Aber wir können sie beobachten. Wir können vielleicht sogar rauskriegen, wer sie ist und wo sie wohnt", sagte Luisa.

„Und wozu soll das gut sein?", fragte Rebekka.

„Ich weiß nicht", sagte Luisa. „Ich will sie mir genauer angucken. Ich will rauskriegen, was Papa an der findet."

Rebekka stimmte zu. „Aber vorsichtig. Papa darf uns auf keinen Fall entdecken."

Als sie zu der Stelle kamen, wo Luisa die beiden gesehen hatte, waren Vater und die fremde Frau nicht mehr da.

Sie wollten schon wieder nach Hause gehen, da sagte Luisa aufgeregt: „Da! Da vorne geht sie. Das ist sie. Ich erkenne sie am bunten Kleid und an den langen Haaren."

„Papa ist nicht mehr dabei", stellte Rebekka fest. „Komm, wir schleichen ihr nach."

„Wir müssen gar nicht schleichen", sagte Luisa. „Sie kennt uns ja nicht. Wir können ganz normal hinterhergehen."

Das taten sie dann auch. Wenn die Frau stehen blieb, um ein Schaufenster zu betrachten, blieben sie auch stehen. Ging die Frau weiter, gingen sie ebenfalls weiter, immer drei, vier Schritte hinter ihr.

„Findest du die Ohrringe etwa gut, die sie anhat?", fragte Luisa halblaut.

„Viel zu riesig. Die hängen ihr ja fast auf die Schultern", antwortete Rebekka. „Und diese Umhängetasche! Guck dir die bloß an: Die ist aus lauter Milchtüten gemacht. Das soll wohl cool sein."

Luisa nickte. „Und dann ist sie noch derart übertrieben geschminkt. Besonders um die Augen herum."

„Komm, lass uns noch näher rangehen!", sagte Rebekka. „Schnell, sie geht über die Straße."

„He! Was habt ihr denn mit meiner Mutter?", fragte plötzlich eine Jungenstimme hinter ihnen.

Sie drehten sich um. Hinter ihnen stand Botho.

„Das ist deine Mutter?“, fragte Rebekka verblüfft und deutete auf die Frau auf der anderen Straßenseite.

„Ja und? Was gibt's da zu glotzen?“, fragte Botho.

„Die in der Klinik war?“, fragte Rebekka weiter.

„Ja, genau die. Und jetzt haut ab. Da gibt's nichts zu gucken. Los, verschwindet!“

„An deiner Stelle würde ich zu meinen zukünftigen Schwestern ein bisschen freundlicher sein“, sagte Rebekka.

„Hast du einen Sonnenstich?“, fragte Botho.

„Vielleicht bist du bald unser Bruder.“ Luisa grinste Botho frech an.

„Bruder? Ihr habt wohl beide einen Sprung in der Schüssel! Was soll der Quatsch?“, rief Botho.

„Deine Mutter ist die Geliebte von unserem Vater. Und wenn Mama und er sich scheiden lassen, zieht er bei euch ein“, klärte Luisa ihn auf.

„Ihr seid beide nicht ganz dicht! Geliebte von eurem Vater! Das hätte ich doch merken müssen“, sagte Botho.

„Wir haben es auch nicht gleich mitgekriegt“, sagte Rebekka.

„Nur durch Zufall“, ergänzte Luisa.

„Das darf nicht wahr sein“, stöhnte Botho. „Dann zieht ihr womöglich mit eurem Vater zu uns? Bevor ich mit euch zwei Zicken zusammenwohne, wandre ich zum Nordpol aus!“

„Mach das lieber nicht“, sagte Rebekka. „Die halten dich dort nämlich für einen Pinguin.“

„Pinguine gibt's nur am Südpol", belehrte Luisa ihre Schwester.

„Ich glaub, ich hör nicht richtig!" Botho wurde richtig laut. „Erst erzählt ihr solche Katastrophengeschichten, und dann streitet ihr über Pinguine! Ich will auf keinen Fall, dass euer Vater was mit meiner Mutter hat. Der soll gefälligst bei seiner Frau bleiben."

„Genau das wollen wir auch", sagte Luisa. „Und das kriegen wir auch hin. Aber du musst uns dabei helfen."

„Wie denn helfen?", fragte Botho.

„Du musst wohl oder übel mit uns zwei Zicken zusammenarbeiten", sagte Rebekka.

„Und wie stellt ihr euch das vor?", fragte Botho.

Rebekka überlegte. „Ich glaube, ich hab schon einen Plan. Du lädst uns zu euch ein. Am besten zum Mittagessen. Sag einfach, zwei Mitschülerinnen kommen zu Besuch."

„Und dann?", fragten Luisa und Botho fast gleichzeitig.

„Dann benehmen wir uns wie die Schweine", sagte Rebekka und lachte. „Wir nerven deine Mutter so furchtbar, dass sie es kaum aushält und uns am liebsten hochkant rausschmeißen würde. Beim Abschied sagen wir dann: ‚Übrigens, wir sind Rebekka und Luisa. Sie kennen ja unseren Vater.' Danach überlegt sie es sich bestimmt dreimal, ob sie so eine neue Familie will."

„Viermal!" Luisa war vom Plan ihrer Schwester begeistert. „Und dann sagen wir noch nebenher, dass Papa unsere Mutter wahnsinnig liebt."

„Das könnte hinhauen." Botho nickte. „Dann kündige ich euch für morgen zum Mittagessen an, ja?"

„Einverstanden", sagte Rebekka.

„Ich auch", sagte Luisa.

Am nächsten Tag gegen Mittag klingelte es gleich fünf Mal an der Haustür von Frau Helmbrecht.

Sie öffnete und sagte: „Musst du derart stürmisch klingeln, Botho! Einmal hätte auch genügt."

Botho sagte: „Das war nicht ich, das war …" Auf den warnenden Blick von Rebekka hin ergänzte er schnell: „… war meine Mitschülerin." Die Namen der Zwillinge sollten ja erst beim Abschied genannt werden, als unangenehme Überraschung für Bothos Mutter.

„Ich hab euch schon erwartet. Wie schön, dass Botho mal Freunde mitbringt", sagte Frau Helmbrecht. „Er lädt ja sonst leider nie jemand aus seiner Klasse nach Hause ein. Kommt rein, legt eure Schulranzen ab und setzt euch gleich an den Tisch. Das Essen ist schon fertig."

Luisa wollte den Schulranzen im Flur erst ordentlich an die Garderobe stellen. Aber als Rebekka ihr verstohlen zugrinste und den Schulranzen einfach auf den Boden knallte, warf auch Luisa ihren Ranzen im hohen Bogen durch den Raum.

„Geht ihr immer so mit euren Sachen um?", fragte Frau Helmbrecht ein wenig irritiert, nahm die beiden Ranzen vom Boden auf und stellte sie nebeneinander.

„Ja, das machen wir immer so", sagte Rebekka.

Zum Mittagessen gab es Nudeln mit Tomaten-Paprika-Gemüse.

„Ich hoffe, ihr seid mit meinem Essen zufrieden", sagte Frau Helmbrecht. „Bei uns gibt es nämlich kein Fleisch. Botho und ich sind Vegetarier."

„Kein Fleisch? Echt?", rief Rebekka. „Gibt's dann wenigstens Ketschup?"

„Ich weiß nicht, ob wir Ketschup im Haus haben", sagte Frau Helmbrecht. „Botho, geh doch mal in die Küche und sieh nach, ob welcher da ist."

Rebekka griff mit der Hand in die Nudelschüssel und nahm sich eine Portion auf den Teller. Luisa tat es ihrer Schwester schnell nach.

„Au, sind die heiß, die Nudeln!", sagte sie. „Da verbrennt man sich ja direkt die Finger."

„Wozu gibt es wohl Löffel?", fragte Frau Helmbrecht. „Nehmt ihr euch zu Hause die Nudeln auch mit der Hand?"

„Klar", sagte Luisa. „Das hat uns Papa so gezeigt."

„He, Botho, wo bleibst du? Kommt jetzt endlich der Ketschup?", schrie Rebekka gleichzeitig.

Botho hatte tatsächlich eine halb volle Ketschupflasche in der Küche gefunden. Rebekka nahm sie ihm aus der Hand, schüttete erst Luisa eine Riesenportion über die Nudeln, dann sich selbst.

„So", sagte sie. „Mahlzeit allerseits!"

„Wollt ihr nichts von meinem Gemüse nehmen?", fragte Frau Helmbrecht.

„Nö“, antwortete Rebekka mit vollem Mund. „Ich habe nämlich eine Paprika-Allergie.“

„Ich auch“, sagte Luisa, nachdem sie sich eine Portion Nudeln in den Mund geschoben hatte. „Das ist bei Zwillingen leider oft so, dass sie die gleichen Krankheiten haben.“

Frau Helmbrecht schüttelte fassungslos den Kopf und begann dann auch zu essen.

Rebekka blickte zu ihrer Schwester hinüber, nickte ihr zu, nahm den Teller in die Hand und legte die Füße auf den Tisch, während sie weiteraß.

Luisa zögerte einen Moment. Das schien ihr doch ziemlich übertrieben zu sein. Dann sah sie, wie auch Botho ihr heimlich zunickte. Also legte auch sie die Füße auf den Tisch.

„Nein, das geht jetzt wirklich zu weit!“, rief Frau Helmbrecht. „An meinem Tisch werden die Füße nicht auf den Tisch gelegt, bitte schön!“

„Warum nicht?“ Rebekka tat überrascht und nahm die Füße wieder herunter. „Zu Hause dürfen wir das auch.“

„Du wirst mir doch nicht im Ernst erzählen wollen, dass ihr zu Hause mit den Füßen auf dem Tisch esst!“

„Doch, natürlich“, bestätigte Luisa. „Tun das nicht alle?“

„Entweder ihr wollt mich veralbern oder ihr seid sehr, sehr schlecht erzogen!“ Frau Helmbrecht war jetzt ziemlich wütend. „Das kann doch nicht euer Ernst sein.“

„Wir sind eben sehr frei erzogen“, antwortete Rebekka.

„Sehr frei verzogen“, korrigierte Botho grinsend.

„Papa findet Tischsitten spießig“, erzählte Luisa. „Der rülpst zum Beispiel regelmäßig nach dem Essen.“

„Und hält dabei nicht mal die Hand vor den Mund“, sagte Rebekka.

„So, jetzt reicht es mir“, sagte Frau Helmbrecht und stand vom Tisch auf. „Ich habe genug. Botho, du räumst dann mit Luisa und Rebekka zusammen den Tisch ab! Ich muss gleich ins Atelier hinüber und weitermalen.“

„Woher wissen Sie unsere Namen?“, fragte Luisa erstaunt.

„Woher kennen Sie uns?“, fragte Rebekka.

„Vom Foto“, sagte Frau Helmbrecht.

„Was für ein Foto?“, wollte Rebekka wissen.

„Na das, was mir euer Vater gegeben hat. Ihr seht euch so ähnlich, da hätte er eigentlich nur eine von euch fotografieren müssen.“ Sie ging zur Tür und sagte im Hinausgehen: „Jetzt muss ich aber malen, sonst ist die Inspiration weg.“

„Sie meint damit die Fantasie oder so was Ähnliches“, erklärte Botho den Zwillingen, als er deren ratlose Blicke sah.

„Bis jetzt hab ich, ehrlich gesagt, nicht richtig daran geglaubt, dass Papa eine Freundin hat und so. Ich hab auch ein bisschen gespielt, dass es so ist“, sagte Rebekka niedergeschlagen. „Aber es ist wirklich so. Stellt euch das vor: Er hat ihr schon ein Foto von uns gegeben, damit sie ihre zukünftige Familie kennen lernt.“

„Ich geh nicht mit Papa, ich bleib bei Mama“, sagte Luisa entschieden.

„Ich aber auch“, sagte Rebekka.

„Wahrscheinlich werdet ihr geteilt“, sagte Botho. „Eine bleibt bei Mama, eine kommt mit Papa. Das ist bei Zwillingen am gerechtesten, so kriegt jeder ein gleich altes Kind.“

Luisa sah ihre Schwester ernst an. „Wir müssen es Mama endlich sagen.“

„Nicht jetzt. Nicht eine Woche vor ihrem Geburtstag", widersprach Rebekka. „Wir sagen es ihr danach. Wir können ihr doch nicht den Geburtstag verderben."

Am Nachmittag vor Mutters Geburtstag nahm Vater die Zwillinge beiseite. „Kommt mal mit nach draußen, ich muss euch was sagen", flüsterte er. „Aber leise, Mama darf es nicht mitkriegen."

Als sie am Wohnzimmer vorbeigingen, wo Mutter an der Staffelei saß und malte, rief er ihr zu: „Ich mach mit den Zwillingen einen Spaziergang, ja?"

Mutter tauchte den Pinsel erst ins Wassergefäß, dann in ein Farbnäpfchen und sagte dabei: „Sehr schön. Gute Idee." Dann malte sie weiter.

Vater guckte sich vor der Haustür noch einmal um, ob Mutter auch wirklich nicht mithörte, und sagte: „Ich will euch ein Geheimnis verraten. Kommt mit, wir machen einen Besuch."

„Was denn für ein Geheimnis?", fragte Rebekka.

„Wenn ich es euch jetzt schon sage, ist es ja kein Geheimnis mehr, oder?", fragte Vater zurück.

Eine Weile gingen sie nebeneinanderher. Vater machte einen gut gelaunten Eindruck, die Zwillinge waren eher bedrückt. Besonders als sie merkten, dass Vater direkt auf die Talstraße zusteuerte, wo die Helmbrechts wohnten.

„Meinst du, er gesteht jetzt alles?", flüsterte Luisa ihrer Schwester zu. „Was sollen wir dann nur machen?"

Rebekka fragte laut: „Papa, hängt dein Geheimnis mit einer Frau zusammen?“

Vater lächelte. „Stimmt! Gut geraten!“

Luisa sagte zögernd: „Eigentlich hängt das Geheimnis ja sogar mit zwei Frauen zusammen, mit Mama …“

„… und mit Frau Helmbrecht“, ergänzte Rebekka.

Jetzt war Vater so überrascht, dass er stehen blieb. „Ihr wisst es schon?“, fragte er. „Hat Botho es etwa verraten?“

„Nein, der wusste es ja auch nicht“, sagte Rebekka. „Wir haben es selber rausgekriegt.“

„Wir haben dich nämlich mit Frau Helmbrecht gesehen“, sagte Luisa.

„Ach, und da habt ihr sofort gemerkt, was ich vorhabe?“ Vater schüttelte verwundert den Kopf. „Ihr seid wirklich schlau. Ich könnte sie ja auch zufällig auf der Straße getroffen haben.“

„Wir waren sogar bei ihr“, gestand Luisa.

„Und da hat sie uns das von dem Foto erzählt“, sagte Rebekka.

„Deswegen braucht ihr doch den Kopf nicht so hängen zu lassen“, sagte Vater. „Ich nehme es euch wirklich nicht übel, dass ihr so neugierig wart.“

Frau Helmbrecht öffnete auf Vaters Klingeln hin die Haustür.

„Guten Tag, Herr Kunstreich“, sagte sie, als sie Vater sah. „Kommen Sie rein.“

„Einen schönen guten Tag“, sagte Vater, während sie ins Haus gingen. „Ich habe die Zwillinge mitgebracht. Sie kennen sie ja schon, haben mir die beiden gerade erzählt."

„Allerdings", sagte Frau Helmbrecht. „Und ob ich sie kenne!"

Zu Vater gewandt sagte sie: „Sie können ja hier schon mal mit ihren eigenwilligen Töchtern Platz nehmen. Ich bin gleich zurück." Damit verschwand sie in der Tür zum Atelier.

„Nun bin ich aber auf das Bild gespannt", sagte Vater, während er sich in einem Sessel niederließ.

„Auf was für ein Bild? Auf das Foto?", fragte Luisa.

„Na, auf das Bild eben. Ich denke, ihr wisst alles?" Vater guckte erstaunt.

„Vielleicht doch nicht alles", sagte Rebekka zögernd. „Was meinst du für ein Bild?"

„Ihr habt mich beschwindelt und ich bin darauf reingefallen!" Vater lachte. „In Wirklichkeit kennt ihr mein Geheimnis gar nicht. Stimmt's?"

Rebekka und Luisa nickten. Sie machten jetzt einen recht kleinlauten Eindruck.

„Erinnert ihr euch an unseren Nachmittag im Museum?", fragte Vater. „Als Mama gesagt hat, dass sie gerne ein Bild von unserer Familie am Esstisch hätte? Da hab ich sofort gedacht, dass dies ein großartiges Geburtstagsgeschenk für sie wäre. Und da mir das Gemälde von Frau Helmbrecht so gut gefallen hat, habe ich mich mit ihr getroffen und gefragt, ob sie so ein Bild für mich malen kann. Sie brauchte natürlich Fotos von uns allen. Von

Mama und mir konnte ich ihr gleich welche geben. Nur von euch habe ich keine neuen gefunden. Und ich wollte doch nicht, dass ihr auf dem Gemälde wie Achtjährige ausseht."

„Deswegen also hast du Fotos von uns gemacht", sagte Luisa. „Und wir haben gedacht …"

„Pssst", machte Rebekka und warf ihrer Schwester einen warnenden Blick zu. Vater brauchte wirklich nicht zu wissen, was für einen schlimmen Verdacht sie gehabt hatten.

„Was habt ihr gedacht?", fragte Vater. Aber Luisa musste sich gar keine Ausrede ausdenken, denn nun kam Frau Helmbrecht zurück, mit einem großen Bild in der Hand. Sie stellte es senkrecht auf einen Stuhl.

„Nun, wie finden Sie es? Gefällt es Ihnen?", fragte sie. „Ich bin gerade rechtzeitig fertig geworden. Erst gestern waren die Farben trocken."

Vater betrachtete das Bild. „Sehr schön", lobte er. „Man erkennt jeden von uns ganz genau. Da sitzt meine Frau, daneben ich und links und rechts von uns Luisa und Rebekka. Ein richtiges Kunstwerk."

Dann stand er auf und beguckte sich das Kunstwerk aus der Nähe.

„Wir essen da anscheinend gerade Nudeln", stellte er fest. „Aber das hier finde ich nicht so gut. Das sieht ja so aus, als würde Luisa die Nudeln mit der Hand essen!"

„Warum nicht, Papa? Ist doch lustig. Das finde ich gerade gut!", sagte Luisa schnell.

„Ehrlich?", fragte Vater. „Und dass Rebekka sich da eine derartig große Portion Ketschup über die Nudeln schütten muss? Ketschup! Also, ich weiß nicht!"

„Das Bild ist direkt nach der Natur gemalt", verteidigte sich Frau Helmbrecht und guckte dabei die Zwillinge an.

„Das Rot vom Ketschup muss da unbedingt hin. Das ist ganz wichtig", sagte Rebekka. „Das passt genau zum Rot von Mamas Kleid. Ein Rot allein auf einem Bild wirkt irgendwie einsam. Eine Farbe muss sich wiederholen, Papa, sonst sieht das Bild unfertig aus."

„Guck, das Blau dort wiederholt sich auch", ergänzte Luisa.

„Ihr versteht erstaunlich viel von Malerei. Jedenfalls mehr als ich", sagte Vater. „Wahrscheinlich habt ihr Recht."

„Das haben wir von Mama geerbt", sagte Rebekka bescheiden.

„Gut", sagte Vater zu Frau Helmbrecht. „Wir nehmen das Bild. Die Rechnung schicken Sie mir in die Apotheke."

Auf dem Heimweg trug Vater das in Packpapier eingeschlagene Bild sorgfältig unter dem Arm. Die Zwillinge gingen neben ihm her.

Vater wandte sich an Luisa. „Wir wurden vorhin unterbrochen", sagte er. „Du wolltest mir doch noch erzählen, was ihr gedacht habt. Wozu das Foto sein soll."

„Ach so, das Foto …", begann Luisa zögernd.

Rebekka unterbrach sie. „Wir dachten, es wäre für den

Schülerausweis. Hast du ja selbst gesagt. Wir wussten doch nicht, dass du lügst."

Vater wurde ein bisschen verlegen. „Es war eine Notlüge", sagte er. „Mama sollte nicht mitkriegen, wofür ich euer Foto brauche. Normalerweise lüge ich euch nie an, das wisst ihr."

„Wir verzeihen dir, Papa", tröstete Rebekka ihn.

„Sonst wäre es ja keine Überraschung geworden", sagte Luisa.

Die beiden Mädchen blieben ein bisschen hinter Vater zurück. „Wir haben wirklich Glück gehabt. Das Ganze hätte ja derart peinlich werden können", flüsterte Rebekka ihrer Schwester zu.

„Du meinst, wenn er mitgekriegt hätte, dass wir denken, Bothos Mutter wäre seine Geliebte", flüsterte Luisa zurück.

„Das auch", antwortete Rebekka. „Aber stell dir vor, Frau Helmbrecht hätte uns mit den Füßen auf dem Tisch gemalt!"

Mehmet

Der Junge setzte seine Mütze auf, bevor er in den Flur trat. Sie machten hier im Krankenhaus etwas mit ihm, das Chemotherapie hieß. Davon waren ihm die Haare ausgefallen. Der Arzt hatte ihm zwar versprochen, sie würden bald wieder wachsen. Aber wenn er jetzt in den Spiegel guckte, sah ihm ein Junge entgegen, der aussah wie der Mann mit der Glatze, der jeden Nachmittag im Flur saß und mit Kugelschreiber in ein dickes Heft schrieb. Der Mann hatte wahrscheinlich schon keine Haare mehr gehabt, als er ins Krankenhaus kam. Aber Männer ohne Haare sahen auch nicht so ungewöhnlich aus wie ein Junge, der völlig kahl war. Deswegen trug er lieber die Mütze, wenn er das Krankenzimmer verließ.

Die Nachmittage im Krankenhaus waren am langweiligsten. Morgens kam die Schwester und machte das Bett, dann kam der Arzt zur Visite, danach gab es Mittagessen. Nachmittags kam keiner. Seine Eltern besuchten ihn erst am frühen Abend, nach der Arbeit. Sie kamen jeden Tag und brachten ihm Sachen zum Essen und zum Trinken mit. Ayran oder Weinblätter, gefüllt mit Schafskäse, und zum Nachtisch klebrige Datteln in Honig. Dabei war das Essen hier im Krankenhaus gar nicht übel. Aber sie dachten wohl, er würde nichts Richtiges bekommen. Die Krankenschwester hatte anfangs darüber den Kopf geschüttelt. Inzwischen aß sie manchmal sogar einige von den Datteln, die ihr der Vater des Jungen anbot.

Der Junge ging den Flur entlang bis zu der Stelle, wo der Gang eine rechteckige Ausbuchtung hatte. Hier standen einige Topfpflanzen mit großen, hängenden Blättern, daneben vier Stühle und ein Tisch. Daran saß immer der Mann mit der Glatze. Heute schrieb er nicht, das Heft lag ungeöffnet vor ihm. Der Mann las Zeitung.

Oft kam ein blondes Mädchen im Alter des Jungen und besuchte den Mann. Sie saß dann neben ihm und hörte zu, wenn er erzählte. Der Junge kannte sie vom Sehen, sie ging in dieselbe Schule wie er, allerdings in die Parallelklasse.

Heute war der Mann allein.

Der Junge setzte sich auf den Stuhl, auf dem gewöhnlich das Mädchen saß. Eine Weile saß er schweigend da. Schließlich sagte er: „Darf ich Sie was fragen?"

Der Mann blickte von der Zeitung auf. „Natürlich", sagte er.

„Was lesen Sie gerade?", fragte der Junge.

„Das siehst du doch: Ich lese die Zeitung", antwortete der Mann.

„Die ganze Zeitung?", fragte der Junge.

„Nicht die ganze. Der Sport interessiert mich weniger",

sagte der Mann. „Und die Kleinanzeigen schon gar nicht."

„Dann lesen Sie also nicht die Zeitung, sondern nur *in* der Zeitung", stellte der Junge fest.

Der Mann guckte ihn überrascht an. „Du nimmst es wohl sehr genau mit der Sprache", sagte er. „Wie heißt du denn?"

„Mehmet", antwortete der Junge.

„Mehmet", wiederholte der Mann. „Du bist also kein Deutscher."

„Doch", sagte Mehmet. „Ich bin hier geboren."

„Aber deine Eltern kommen bestimmt von woanders her", sagte der Mann.

„Stimmt", sagte Mehmet.

„Woher kommen sie denn?", fragte der Mann.

„Aus Gelsenkirchen", antwortete der Junge. „Wir sind vor vier Jahren hierher gezogen."

Der Mann lachte. „Ich muss wohl anders fragen", sagte er. „Welche Sprache sprechen sie miteinander, wenn sie zu Hause sind?"

„Türkisch", sagte der Junge.

„Dacht ich mir's doch", sagte der Mann. „Ich heiße übrigens Menzel."

„War es traurig, was Sie da gelesen haben, Herr Menzel?", fragte der Junge. „Sie haben dabei so ein ernstes Gesicht gemacht."

„Traurig war es nicht, eher gefährlich", sagte der Mann. „Du kannst mich übrigens Opa Menzel nennen. ‚Herr

Menzel' klingt so steif. In der Zeitung stand, dass die amerikanischen Kriegsschiffe ausgelaufen sind."

„Schlimm!", sagte Mehmet.

„Ja, schlimm", bestätigte Herr Menzel.

„War das Wasser oder Öl oder was ist da ausgelaufen?", fragte Mehmet.

Herr Menzel guckte den Jungen irritiert an. „Wasser? Öl?", fragte er. „Die Schiffe sind ausgelaufen."

„Ich meine, was da rausgelaufen ist", versuchte der Junge ihm zu erklären.

Herr Menzel musste lachen. „Nichts ist rausgelaufen.

Auslaufen bedeutet, dass sie losgefahren, dass sie in See gestochen sind."

„In den See gestochen haben", verbesserte ihn Mehmet.

„Nein, das war korrekt. Es heißt im Deutschen: Sie sind in See gestochen", sagte Herr Menzel.

Mehmet schaute ihn von der Seite an. „Das klingt, als könnte einer nicht richtig Deutsch", sagte er. „Sie sind in See gestochen. Es muss doch ‚haben' heißen und ‚die See'."

Herr Menzel sagte: „Du nimmst es mit der Sprache wirklich sehr genau. Das kommt wahrscheinlich daher, weil du Türke bist und Deutsch für dich erst mal neu und ungewohnt ist."

„Ich bin kein Türke, ich bin Deutscher", sagte Mehmet. „Hab ich Ihnen doch gesagt. Und das mit dem Wort ‚auslaufen' ist sowieso merkwürdig."

„Was soll daran merkwürdig sein?", fragte Herr Menzel.

„Die Vase bei mir auf dem Fensterbrett hat einen Sprung. Deswegen war gestern eine Pfütze unter der Vase. Da hat die Schwester gesagt: ‚Oh, da ist ja Wasser ausgelaufen.'"

„Ja, und?", fragte Herr Menzel. „Was ist daran merkwürdig? Mit ‚auslaufen' meint man ‚herauslaufen'. Sie hätte auch sagen können, das Wasser sei herausgelaufen."

„Aber später hat dieselbe Schwester gesagt, sie bringt jetzt die Vase weg, die ausgelaufen ist!"

„Ich weiß immer noch nicht, was du meinst“, sagte Herr Menzel. „Du hast doch gerade erzählt, dass die Vase einen Sprung hat. Also wird sie wohl auslaufen. Oder?“

„Verstehen Sie nicht: Entweder kann eine Vase auslaufen oder das Wasser. Man kann doch nicht dasselbe Wort für beides nehmen. Die Vase kann doch nicht herausgelaufen sein.“

„Hm. Darüber habe ich noch nie nachgedacht“, sagte Herr Menzel. „Das solltest du dir vielleicht aufschreiben. Dann kannst du in der Schule deinen Lehrer mal danach fragen. Später, wenn sie dich hier wieder rausgelassen haben.“

Mehmet nickte. Dann fragte er: „Opa Menzel, was schreiben Sie eigentlich immer in dieses Heft da?“

Herr Menzel nahm das Heft in die Hand, blätterte darin und legte es wieder zurück. „Meine Lebensgeschichte“, sagte er dabei. „Ich schreibe auf, was ich erlebt habe, damit Barbara weiß, was für ein Mensch ihr Großvater war, wenn es mich demnächst nicht mehr gibt.“

„Ist Barbara das Mädchen, das Sie immer besucht?“, fragte Mehmet.

„Ja, sie ist meine Enkelin“, sagte Herr Menzel.

„Und warum sagen Sie, dass es Sie demnächst nicht mehr gibt?“, fragte Mehmet.

„Ich bin nicht mehr jung“, sagte Herr Menzel. „Und ich bin krank. Man weiß nie, wie ernst es ist und wie viel Zeit einem noch bleibt.“

„Haben Sie Angst?“, fragte Mehmet.

„Manchmal. Aber man gewöhnt sich an den Zustand und wartet einfach ab", sagte Herr Menzel. „Und du? Hast du Angst?"

Mehmet überlegte. Schließlich sagte er: „Ich habe auch manchmal Angst, dass ich nie mehr gesund werde."

„Man soll der Angst keinen Platz einräumen im Leben", sagte Herr Menzel.

Als er den fragenden Blick von Mehmet spürte, lächelte er. „Das ist ein Zitat", fügte er hinzu. „Weißt du, was ein Zitat ist?"

Mehmet schüttelte den Kopf.

„Das hat ein Dichter so geschrieben. Jedenfalls so ähnlich", erklärte Herr Menzel dem Jungen. „Das bedeutet, dass man sich nicht von seiner Angst unterkriegen lassen soll."

„Ich hab gar nicht oft Angst", sagte Mehmet. „Nur manchmal nachts, wenn ich nicht schlafen kann."

„Es gibt ein Mittel dagegen", sagte Herr Menzel. „Man muss an die Zukunft denken. Man stellt sich ganz deutlich vor, wie es einem später geht, in zehn, zwanzig Jahren. Was man dann macht. Was man geworden ist. Wenn man fest daran glaubt, trifft es tatsächlich ein."

Mehmet schaute den Mann von der Seite an. „Tun Sie das wirklich?", fragte er.

Herr Menzel lächelte. „Ich weiß, was du denkst. Das, was ich sagte, gilt für dich, nicht für mich. Wenn man so alt ist wie ich, soll man sich lieber nicht vorstellen, was in zwanzig Jahren ist. Da denkt man lieber zurück, erinnert sich an schöne Zeiten. Aber selbst ich habe noch einen Wunsch an die Zukunft."

„Sagen Sie mir den?", fragte Mehmet.

„Er hängt mit einem Brief zusammen, den Barbara an einen alten Freund von mir geschrieben hat. Barbara sagt: Bis jetzt ist der Brief nicht zurückgekommen. Vielleicht wohnt er noch unter der Adresse oder der Brief wurde ihm nachgeschickt. Vielleicht hat dieser Freund den Brief also tatsächlich gekriegt und gelesen. Ich weiß allerdings gar nicht, ob er sich noch an mich erinnert", sagte Herr Menzel. „Und du? Was hast du für Wünsche?"

„Dass ich bald gesund bin", sagte Mehmet.

„Das genügt noch nicht", sagte Herr Menzel. „Stell dir vor, du bist zwanzig Jahre alt. Was siehst du? Wer bist du? Wie willst du sein?"

„Das weiß ich noch nicht", sagte Mehmet.

„Dann denk darüber nach", sagte Herr Menzel. „Am besten, du schreibst es auf, wenn du es herausgefunden hast. Dann wirkt es noch besser."

Am nächsten Tag ging Mehmet gleich nach dem Mittagessen zum Tisch im Flur. Herr Menzel saß da und schrieb. Er blickte auf, als Mehmet sich neben ihn setzte.

„Na, hast du jetzt deine Zukunft gesehen?", fragte er.

„Nein, noch nicht. Es ist nicht so einfach", sagte Mehmet.

„Weißt du wenigstens schon, was du mal werden willst?", fragte Herr Menzel.

Mehmet zuckte die Achseln.

„In welchen Fächern bist du denn gut?", fragte Herr Menzel weiter.

„In Deutsch", sagte Mehmet.

„Hm. Was kann man da werden?", überlegte Herr Menzel. „Vielleicht arbeitest du später für eine Zeitung. Oder du wirst Schriftsteller und schreibst dicke Bücher."

„Ich weiß nicht", sagte Mehmet. „Ich muss noch darüber nachdenken."

Als Mehmet am nächsten Tag zum Tisch im Flur kam, saß Herr Menzel nicht dort. Mehmet fragte eine Krankenschwester, in welchem Zimmer er Herrn Menzel finden könne. Sie nannte ihm die Nummer. Mehmet ging zum Zimmer, aber Herrn Menzels Bett war leer. Neben dem Bett saß Barbara auf einem Stuhl und las.

„Hallo", sagte Mehmet. „Wo ist dein Opa?"

Barbara blickte von ihrem Buch auf. „Er ist unten im Garten", sagte sie. „Ich warte hier auf ihn."

„Warum bist du nicht bei ihm?", fragte Mehmet.

„Er trifft sich gerade mit einem Freund. Ich hab ihn mitgebracht", sagte sie. „Da will ich nicht stören."

Als Mehmet in den Flur zurückging und dort aus dem Fenster schaute, entdeckte er Herrn Menzel unten im Krankenhausgarten. Er hatte den Bademantel über den Schlafanzug gezogen, trug auch draußen seine ausgetretenen, karierten Hausschuhe und ging neben einem Mann her, der ein Damenfahrrad schob. Der Mann war

ziemlich dick und hatte wohl ein steifes Bein. Er hinkte ein bisschen. Die zwei unterhielten sich lebhaft, lachten und schienen bester Laune zu sein.

Mehmet schaute den beiden zu, bis sie aus seinem Blickfeld verschwunden waren.

Jetzt weiß ich es, dachte Mehmet. Wenn ich groß bin, werde ich viele Freunde haben. Und wir werden in der Sonne spazieren gehen. Wir reden miteinander und haben uns dabei den Arm um die Schultern gelegt wie Opa Menzel und der Mann mit dem Damenfahrrad da unten.

Das heißt, wir werden lieber nicht in der Sonne spazieren gehn, sondern nur in ihrem Schein. Denn die Sonne ist ein ungeheuer heißer Gasball, hat Herr Müller-Klessheim erzählt. In der Sonne würden wir ja sofort verbrennen.